JN277608

箸の作法

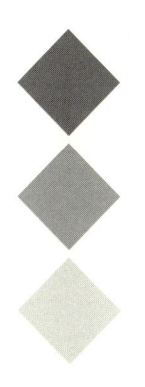

はじめに

和食が世界無形文化遺産に認定されるかもしれない。喜ばしいことだが、はたして日本人は和食を愛し文化として大切に扱っているのだろうか。

最近、豪華な高層ビルにおしゃれな飲食店がお目見えした。陽気な香りを放つイタリア料理、スペイン料理、地中海料理、それに韓国料理、中国料理、お好み焼き屋も繁盛している。和食の店は置いてきぼりで陰がうすい。いつの日か隅に追いやられ、文化遺産から歴史遺産へと変転する日がくるのかもしれない。

もし和食がすたれると箸もすたれてしまう日がくる。いやもうすでに来ているのかもしれない。その一つは、外食で料理を注文すると箸ではなく、木製スプーンやフォークがだされて戸惑うことがある。たとえば、ライスやサラダ、おぜんざいなどなど。

その二は、奇妙な箸づかいの子どもや若者がめだつことだ。テレビのグルメ番組を見ていると、箸の持ち方に目がいく。有名人がぎこちない箸づかいで平然と食べるのを見ていると、見苦しく、哀しさがこみあげる。笑って見過ごせない。

和食が文化遺産なら、それを食べる箸もまた文化遺産だ。料理と

はじめに

箸はパートナーとして古くから生活に根を下ろしてきた。どんなに美的でおいしい和食でも、もし箸がなければうまく食べることはできない。ご飯がよい例である。いわゆるタイ米のようなご飯は粘りが少なく指先で押して握りこみ手で食べられる。しかし、日本で消費されるご飯は粘りが強く手に付くので手食は無理である。また私たち魚食の民は小魚の骨を取り除くためにも箸が必要であった。

長い歴史のなかで私たち祖先はどうすれば食べやすいかを工夫し箸文化を編みだしてきた。箸は多様な機能性と繊細さをかねそなえた用具だけに、伝統的な流儀が確立されている。流儀にかなった持ち方をすれば、機能と美が一体となりおいしく食べられる。食卓はおのずから楽しい雰囲気になる。

本書は、伝統的な箸の持ち方を次世代に引き継いでもらいたいと願う。

①まず箸とはなにか、その正体を見極め、

②うまく箸が使えなくなった原因を探り、

③どうすれば箸をうまく持てるようになるか、調査や実験で検証し、

④せっかく日本に生まれて和食を食べるなら、「たかが箸」とあなどらず伝統的な箸づかいの流儀を学び、

⑤日本人の誇りとして箸づかいを後世に伝承してもらいたい。

和食は二千年の歴史のなかで、自然の恵みを尊び健康な生活に結びつけてきた。箸も同じく山で育つ木で作られた知恵の産物であり、食文化の一翼を担う。和食と箸はともに日本の生態系を維持し、国土保全に寄与してきた。箸の輸入、生産、消費との関連についても

考えたい。

今後も自然を大事にしながら和食文化を継承し、人々の健康に寄与したい。そのためには、とくに次世代を担う中高生、大学生、子どもたち、かれらを育てる親世代、学校関係者、食育の専門家、栄養士、食に携わるすべての人々が、和食を支える箸についてご一読いただきたい。

本書の出版にあたり、有益なご助言をいただいた同時代社社長高井隆氏にこころよりお礼を申しあげる。また、研究室で共に研究に励んだ渡辺裕季子氏、林香枝氏、学生の皆さんにこころより感謝したい。

奥田　和子

箸の作法／目次

1・箸の文化圏

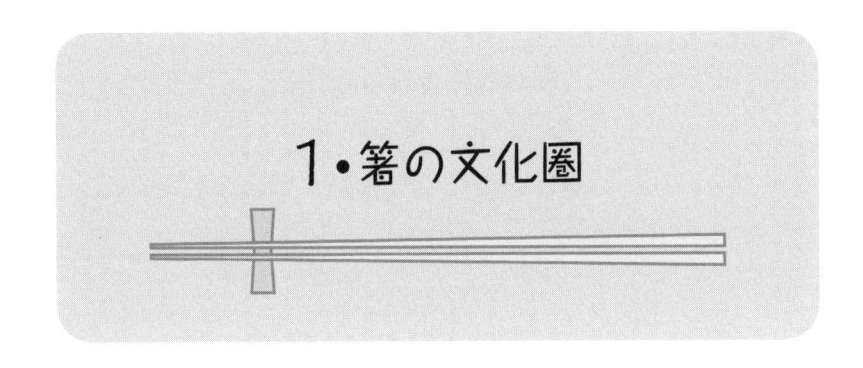

1　箸だけを使ってきた日本人

食事をする時、食べ物を口へ運ぶ方法（手段）は民族によって違う。

世界には大まかに三つの方法がある。箸食（匙との併用）、手食、スプーン・ナイフ・フォーク食である。

箸食のみというタイプは唯一日本だけであるといわれる。朝鮮は匙が主体で箸と併用する。中国、ベトナムも同様である。いずれも米を主食とする食事圏である。

手食はインド、インドネシアなどである。

スプーン・ナイフ・フォーク食はヨーロッパ圏で用いられる。

こうした違いがもたらされる原因は以下のようである。

①食べ物の性質の違い。たとえば、主食の粘りの大小や固さの程度が違う米の場合を比較すると、インディカ米（長粒）は粘りがなくバラバラなので、手を使い指先でまとめて口に運ぶのが食べやすい。いわゆる手食が好都合なのだ。それにたいして、ジャポニカ米（現在日本で食べられている）は、粘りが強いので箸で食べるのに好都

合である。肉食はフォークで押さえてナイフで切る。汁気の多い食べ物は匙やスプーンですくわないと食べにくいなど。

②食べ物の特性だけでなく宗教上の考え方も加わる。たとえばヒンドゥ教は用具を媒介とせずじかに手食をするのが神との関係において神聖だと考える。

③器の形状や材質も関連している。木の椀に口をつけて汁を直に飲む日本方式では匙は不要だ。しかし器が持てない、持ちにくい国では匙やスプーンが必要である。

④気候が関係する。たとえばご飯の場合、南国では温度は気にならないが、日本ではご飯は温かいことが必須である。冷えると味が悪くなり固くなり食べづらくなる。器に蓋（ふた）があるのもそのせいだ。

2　日本人はなぜ木の箸を使うのだろう

理由は以下のようである。

①森に木があるから

日本には身近に森があり、たくさん木材があったからだ。一方、朝鮮や中国では箸の材質は木ではなく、さまざまである。

朝鮮では、古くは匙と箸に銀を多く使った。銀は毒と敏感に化学反応するので毒の混入を見分け毒薬の混入を避けるため重宝した。銀がないときは白銅、真鍮を使ったり白銅の真ん中に銅で当てがねした。ある地方では嫁入り時に夫婦ぶんを持参し、子どもの初誕生には銀の匙と箸を与えるのも随分古い慣わしで、昔は賃金がわりに黄金の匙と箸をもらったという話もある。高麗時代は上層階級の人は銅器を使った。

魏志倭人伝の使者が日本にやってきた当時、朝鮮半島の森はかなり破壊を受け、すでに弥生時代に朝鮮半島や華北と日本とでは風景が違い、弥生時代の日本は東アジアでは数少ない緑の森の国だった。

日本では肉食をせず、やぎなどの家畜を飼わなかったお陰で森が残った。やぎを飼うと根こそぎ木を食べ、木に登ってまで食べつくし山は丸裸になる。とくに若い芽を家畜は好んで食べるため森は瞬く間に裸になる。日本は肉食禁忌《きんき》という仏教の教えを守ったので山の緑を保つことができたといわれる。食肉禁忌が箸を育てたともいえる。三国時代と統一新羅時代に中国から仏教が入り、殺生禁止の掟が浸透した。牧畜や生鮮魚を食べるのまで禁止したので、穀物と野菜だけ食べた。高麗時代（10世紀中ごろ）は仏教が国教となり屠殺禁止令をだして肉食を禁止した。木の箸を存続させたのは仏教の影響が大きいといわれる。

②森を守ったから

森は箸を生み出すだけでなく、ドングリが落ちてくる。これを食料にしていた。森はその意味で大事であった。

もう一つ、「神道」が森を守る役割を果たした。天皇は現在もあちこち地方に出向いて植樹をされている。森を守る大慈母神の祭祀《さいし》（まつり）、森を守る頂点にいるのが天皇である。森があってこその箸であることを忘れたくない。木の箸を絶やさないようにするには、森の木々を絶やさないようにすることである。諸外国からの輸入に依存するのでなく、身近な自然を守ることを考えたい。たとえ外国からの原料が国産に比べて安くても、それに流されず箸の自給自足を考えたい。

③古くから木の箸を使っているから

一つは日本書紀（720年）、古事記（712年）の中には以下のような神話が書かれている。

やまたのおろち征伐《せいばつ》。高天原《たかまがはら》から追放され流浪の旅を続けていた須佐之男命《すさのおのみこと》は出雲国の肥河鳥髪《ひのかわとりかみ》という地に降りた。このとき箸が上流から流れてきた。これをみて、川上に人がいるのだと思い上流へ進んだ。すると、そこには老夫《おきな》と老女《おみな》が、童女《おとめ》と泣いていた。……なぜ泣いているのか。八岐大蛇《やまたのおろち》が毎年来て娘をひとりずつ食べてしまうのです……。この神話によると箸がすでに使われていた。

二つは日本書紀、今昔物語集にでてくる「箸墓《はしはか》伝説」である。

倭迹迹日百襲姫命《やまとととびももそひめのみこと》が、三輪山の大物主神《おおものぬしのかみ》の妻になった。しかし、夫である神は、わたしの姿をみてはいけないと言いつけていた。にもかかわらず、姫はその言いつけを守らず夫の正体、蛇の姿を見てしまい驚きの声をあげてしまう。夫は怒って山に帰ってしまう。後悔した姫は、結局は死んでしまう。その死に方が奇抜で、箸（身近にあった）で陰部を突いたという。箸は凶器となった。当時の人々が彼女の遺体を埋葬した墓を名づけて「箸墓」と呼んだ。話の内容は日本書紀とおおいに違うが、死に方は日本書紀と同じで、箸が凶器、箸塚と呼ばれる点は同じである。※日本書紀は8世紀の始め、今昔物語は12世紀前半

日本では粘りの強いジャポニカ米を食べ今日ではより粘りの強い品種が好まれ、最も粘りが強いコシヒカリの人気が高い。粘りが多いほどご飯は手について食べにくい。ジャポニカ米を食べるわれわれだけが箸食になった理由もここにある。

④神への供え物用に木の箸が使われたから

もう一つ日本人が箸のみを使う理由は、神への供え物をする時に使われたからだという説もある。弥生時代末期、3世紀ごろからハレの神事儀礼のなかで箸が誕生したといわれる。神様にお供えする食べ物をまさか手づかみというわけにはいかない。穢《けが》れないよう神聖なものとして箸が使われた。それはピンセット状の竹折れ箸であったという。今も食事のとき箸を両手でいただいて食べる風習が残っているのは、神さまへのお礼のしぐさである。

3　箸の種類はこんなにある

箸は使用目的によりさまざまな種類がある。(表1)

このほかに、箸は広く生活で使う。

昔は炭火を移動させるときに使う「火箸」は必需品であった。最近見かけなくなったが、ピンセット状、2本で対になったものが使われた。骨拾いに使う箸は長い、太目の木切れで遺骨をつまんで骨壷に入れる。

4　中国、朝鮮で匙と箸が併用されるわけ

骨で作った匙が中国吉林省の遺跡から発見され、その形は今日のものとほとんど同じで青銅器時代のものとみられる。

朝鮮では高麗時代、真鍮を使った合金技術が優れていたが、原料

表１　箸の種類—使用目的別

祭祀（サイシ）	神への供え物に使う	柳　ひのき	白木	中部と両細両口箸	八寸24cm	末広がりの縁起箸
食事	日常の食事に使う	特になし	特になし	片口箸	特になし	特になし
	取り箸	木、竹	青竹、白竹、ごま竹、煤竹	天節、中節、両細、削げ	特になし	特になし
茶事（さじ）	食事・取り箸	吉野杉・赤杉	そのほかに青竹、ゴマ竹	中平両細、両口箸	特になし	特になし
	和菓子用・食べるときの黒文字（クロモジ）	黒文字＝くす科	特になし	特になし	特になし	特になし
調理用菜箸	菜箸	調理のときに使う	多様	多様	長い	揚げ物など高温対応
	真菜箸（マナ）	魚肉を切って盛り付けるときに使う	先が金属製	先が細い	長い	食べ物の生臭さが残らないこと重要視
ハレの箸	神事、正月、祝儀に使用する箸					
ケの箸	神とは関係なく、日常使用する箸					

の銅と亜鉛は産出されず、中国から輸入し匙、丼鉢、瓶、壷などを製品化していた。高麗末期、当時の王は真鍮の器の使用を禁止し、素焼きの陶器か木器を使うよう指示したが、真鍮の器は使われ続け粥や重湯を入れて食べた。

匙は部族国家時代（高句麗・百済・新羅以前＝稲の栽培と主・副食の分離時代）その前は先史時代—旧石器、新石器時代＝自然食品の採取時代にはすでに今日と同じような形であった。

こうした匙が朝鮮で発達した理由は、早くからスープを飲む食事をしており、文化的には中国の影響を大きく受けている。１年の半分は寒いので温かいものを飲食して体を温めることが望まれたのであろう。

また、匙で食べることができるのは、野菜はせん切りで丁寧に切られているからである。寒い地方なので、新鮮なものより乾燥させた食材が多くやわらかくするには細かく切る必要があったのではないか。

さらに、粥を食べる習慣が匙を発達させたのではないか。匙の形はすべて竹の葉の形でしかも長い。食べるときは匙の先の部分を口につけて握り手の部分を口の正面に高くあげ内容物を口に入れる。柄が長いのは、床に座って食事をしたため口までの距離が遠いこと、粥が熱いので柄が短いと手が熱くなること、器が深いので底に届きにくいことなどが理由であろう。ただし、食器を手にとり口につけて飲み込むことはしない。

ご飯は左、汁は右。その理由は月と太陽は東から昇るので東の方角は高い位置、西は低い位置であるとされた。もちろん南から北を見た場合である。祭事の供え物の膳を整える祭床では男性は右、女性は左にしつらえるのが決まりだ。

新羅時代にはじめて汁を飲むようになった。匙は粥を食べるためにあり汁は後に出現する。高麗時代、代表的な副食はスープ（汁物）だった。ご飯とスープが基本になったのは、この時代以降のことである。

朝鮮の食事の特徴はスープを多用し多量の水分をスープから取っていたことである。そのために、食事と食事の間で茶が要らない。これが茶の湯の発展を妨げたといわれる。多くの庶民は茶を楽しむより日々の生活の糧のほうを解決しなければならなかったし、日常の飲料にもこと欠かなかった。匙は箸より長く箸は先が細い。

高麗時代、一般の人々は米を食べず雑穀＝アワ、キビ、ヒエ、豆、とうキビ、燕麦、あずき、緑豆などを食べた。匙と箸はどんな貧乏な家でも家族の人数分は揃えていた。

箸と匙の置き方：膳の右。匙は箸の手前。ともに膳の端から少し出るように置く。

以上、日本で匙が発達しなかったのは、匙になる原料がなかったというわけである。また、汁椀は木製で口から直に飲むので不必要であった。

5　日本の箸の材質に秘められたわけ

これまで木の材質がなにかが問われ問題にされた。木は箸以外にも、飯杓子、汁杓子、飯櫃、すりこ木、かき回し棒（煮もの用）に用いられる。ここでは、箸だけに限定せず木を使った台所の道具にも範囲を広げてそのいわく因縁を斎藤たま氏の著作から述べたい。

①桑—病気予防、治療、魔よけ、雷よけになる

桑で作った箸、椀は中風《ちゅうふう》（脳出血後におこる体の麻痺状態）になりにくい、長生きするという言い伝えがある。「歯がうずかん（歯がずきずき痛まない）」という効果もある（奄美地方、沖縄）。奄美では、黒砂糖を煮るときにかき回す棒やまな板にも使う。魔よけになるという。雷よけのまじないにもする。桑ばら、桑ばらというのはその名残であるという。中気《ちゅうき》（中風と同じ意味）に当たったら桑

の箸を使う。桑の木には中気を癒す効果があるという。

桑の木で作った碗を使うと長生きする（長野県）。碗桑の根を煎じて飲めば中風が避けられるという伝承があるという（長野県、新潟県など）。木杓子、飯櫃《めしびつ》にも使っている。

②南天―箸は土産物にされる

南天はお守り。難を転じるの意。長寿、厄除け、開運というふれこみ。縁起もの。南天の箸：災難よけ。桑よりも身近にあるので、よく使われる。

③サルトリイバラ、メギ、クロモジ―棘木《とげき》の効用（魔よけになる）

サルトリイバラ：茎にとげがある。これはお産を軽くするといわれる。歯を病まない。

メギ：目を病まないための予防。悪くなっても治す。目の薬になるという。同じく棘がある。

クロモジの箸：においが強い、同じく棘あり。虫歯にならない。腹痛にも効く。魔よけになる。臭いものは魔よけになる（にんにくもそうだ）。皮を煎じた汁を患部につけたり、飲む。お腹のお祓いができる。

④コメコノギ（ミツバウズキ）―病よけになる

この箸を使うと病まない。昔、たんすを作るときの木釘にした。葬式に数珠を作るのにも使う。

太鼓のバチにもする。火葬の骨を挟む箸にもなる。魔よけ（玄関の前に立てかけておく）。

⑤ムラサキシブ―祭箸

箸は毎年正月に取り替えた。飯箸だけでなく祭箸にもする。食い初めの箸はこれに限る。コミゴミ、ハジキともいう。オオムラサキシブ。子どもが生まれて男は110日、女は120日目に食いぞめの祝いをする。このとき、この木の枝の皮を剥いた箸で一口食べさせる。小正月にこの箸を用意し使い終わったら川におさめる。

⑥イチイ＝アララギ—魔よけ、長寿、糖尿病効果、幸運を呼ぶ

赤い木。箸は赤と白の2種類。アイヌの箸。細かな細工。悪病が入らないように戸口に下げている人もいる。魔よけ、長寿をもたらす。この枝を30センチばかり折って戸口に下げている。皮を煎じたものは糖尿病に効くという。箸の先にコンコ（飾り）をつけているのは、ぶつかったとき音がする、幸運を呼ぶまじない。

赤色は強力な避邪の色で魔よけに最も力のある「火」にかかわっている。ふだん使う箸は節分の日に燃やす。節分の豆を煎るのに燃やす。パリパリと音をたてて燃えるので別名パリパリともいう。

⑦竹—風邪に効く

割りやすい、折れにくい。風邪をひきにくい。その一方でふだん竹箸を使わないという言い伝えもある。「目が見えなくなる」という。竹箸は葬式に使われるからである。葬式用として人が死ぬとすぐに竹の箸を大量に作るからであり、49日にも竹箸を使う。キビがらで煮てベンガラ色に染めたものはふだんに使う。

⑧その他、特別の意味がある箸

＊ユルデ＝カツノキ——正月の箸

15日早朝の小豆粥を掻き回すのに使う箸＝粥丈。これは何本もつくられる。

ユルデ＝カツノキで箸を作る。真ん中をできるだけ太くし両端を細くする。このときの太さが太いほど稲の孕《はら》みが大きいといわれる。この箸を「孕み箸」「俵箸」「粥《けい》の箸」といわれる。これで15日の早朝、

粥を食べるからである。食べにくいので、一口、二口食べてマネをし、後は普通の箸に変えて食べる。食べた後、玄関口の上の屋根（かやぶき）の揃えて切った部分に差し込んでおく。

くじ運が良くなる、勝負事に勝つという。カツノキという木の名前にあやかったのだろう。この箸は家の安全、田や畑の虫除け、病よけの効果も受け持っている。

＊栗、カヤ

九州では栗箸だった。栗の木の根元から出た新枝を使ったもの。箸おきは、ゆずりはを2枚重ねて一縫いする形で救い上げる。使った後は捨てる。

北の国でも栗の箸。暮れの27日に家族中の箸を栗の木で作り夕食をこれで食べる。正月に使った箸はトンドで燃やす。

カヤの箸は食べやすい。真っ直ぐでなるべく細いのを選んで五指で巧く折って箸にする。奄美大島ではこれを日常の箸にしている。カヤの軸は白いスポンジ状。もし、黒いものを食べて黒ずんだら新しくする。小正月（1月15日：旧暦の正月のこと）の小豆粥を食べるのにカヤの箸を使う家は西日本に多い。カヤの穂を田んぼ、畑、家の前に祝いの意味で立てる行事に使い、茎は箸にする。田植えの始まりにきな粉をまぶしたご飯を長い箸で食べる。

正月とは、年神が各家を訪ね、その年の幸福を授けてくれる。年末に神へのお供えを準備し元旦には神を迎えそのための準備をする。元旦の朝は若水を汲み、神への礼拝をすませ屠蘇とお節料理を食べて祝う。その時、食卓に欠かせないのが、祝い箸。白い箸は冬枯れの山でまっ先に芽を出す生命力の強いミズキがよく使われる。清浄で香りがよく邪気を払うという。白い紙袋には「壽」と書く。紅白の水引を結ぶのは祝福の意味である。箸を紙で包むのは、箸には自分の魂が宿るといわれ他人に使わせないだいじなものという心遣い。少なくとも正月三が日はそれを使う。箸の長さは末広がりの８寸、約 24cm。年初めの新たな気持ちの一翼を担うアッパレ至極な食文化の立役者である。気持ちの切り替えをして再出発したい。

＊祖先のお供え・みたまの箸

12 個の小さな団子状の握り飯を作り、４列３個に並べ、一つごとに箸を１本垂直に立てる。小さい枝。箸は魔よけの任務を担い祖先にお供えする。床の間におき、お下がりを食べる。カヤ、ミツバウツギ、アサガラ、竹などの箸。仏さまが旅に出るのに持っていくということだ。死者に供える枕飯に似ている。

＊死者を守る箸　枕飯

死者が出るとただちに御飯を炊いて山盛りの御飯に箸を一本立てて枕元に供える。箸は魔よけの働きをする。死骸がなにものかに犯されると考えていた。魔よけとして墓を守る意味で、箸を立てる。箸は魔よけになった。たとえば死者が出た後、遺族は新しい箸を掻いて作りそれで食べる。49 日にその箸を墓に持参して突き刺しておく。

ついでだが、キワダで椀をつくると病気しないといって使っている人たちがいたという。鬼を追い払う効果がある。内外黒の椀は葬式に使われる。日常使う椀の内側は赤。

2・箸の個人所有・銘々箸

家族、集団生活で食事をするとき、他人と箸を共用せず、自分用に個別の箸を使う。この個人所有される箸を「銘々《めいめい》箸」とよぶ。箸の長さ、色、柄などを変えて何らかの目印をして区別する。今日、マイ箸と称して外出時に持ち歩く人もいるがその場合の箸も銘々箸の部類である。

箸の文化圏では、箸の個人所有が行われてきた。今日、中国では崩れかけているらしいが、朝鮮半島ではまだ温存されているらしい。食の多様化、洋風化、画一化がすすむなかで日本ではどうか、その実態を調べた。

1　箸を個人所有する理由はなにか

歴史的にさかのぼると、箸の個人所有にはさまざまな理由があげられている。

①年齢や性によって使いやすい箸の長さ、重さがある。たとえば夫婦箸、子ども箸、男女箸など。

②昔から身分の差を象徴する。

③戸主の権威付け、格付け。

④人格が投影されているので、他人が使用するのはタブー。

⑤箸には魂が宿り聖なるもの。他人と共有した場合侵害されたという気持ち、他人の穢れが移り気持ちが悪い。

⑥なんとなく落着く、安心感がある。

⑦清潔感があるなど。

実際にはどうか、以下の調査（1989年6月）で調べた。

調査対象：女子大生の家庭50世帯、記入者母親、家族員総数209人、平均家族員4.1人、父親45～50歳、母親40～45歳、子どもの数―2人：44％、3人：40％、その他：16％、男の子：女の子の比1：2、子どもの年齢―6～27歳、祖父母同居―7世帯

銘々箸を決めている家庭は92％、決めていな家庭はわずか8％で、ほとんどの家庭が決めている。その理由は、「習慣だから」が67％で圧倒的に多く、「ただなんとなく」8％とあわせると75％であった。（表2）

銘々箸は親から子、孫へと引き継がれ習慣化して家庭に根付いていることがわかる。銘々箸を使用しない理由は「必要を認めない」「かえって面倒」であった。

箸がただ食べ物を口に運ぶだけの用具ではなく個人の持ち物として愛用されている。梅棹氏は「立派な料理や美しい食器が並べられている場合にも、箸はただの箸であることが多い。しかし、箸ももつと美的で洗練されたものであってほしい」と注文している。

表2　家庭（女子大生の家庭数50対象）で銘々箸を決めているか、その理由は（複数回答）

決めている家庭の理由	銘々箸を決めている家庭数	46	%
	習慣だから	31	67
	ただなんとなく	8	17
	柄の好みがあるから	7	15
	持ちやすいし、使いやすいから	6	13
	不潔だから	6	13
	手の長さが違うから	3	7
決めていない家庭の理由	銘々箸を決めていない家庭数	4	100
	家族全員が同じものでも不都合がないから	4	100
	別々にすると面倒だから	1	25
	別々にする必要がないから	2	50

これは女子大生の家庭という特殊性があるかもしれないが、銘々が箸をもって食事を楽しんでいるものと解釈した。

2　銘々箸の材質と形状を知る

アンケートでは、あらかじめ材質と形状を列挙して該当の箸を選んでもらった。

まず、家族で同じかどうかでは、同じ材質が43%、同じ形状が61%であった。

材質は、素木（材質が肉眼で見えるもの）、塗り（うるし以外の塗り）、うるし塗り、竹、プラスチック、その他の6種類であった。家族員で違い、父親、第3子は素木、母親、1子、2子は塗りが多かった。うるし塗りは1家庭にとどまった。1〜3子ではプラスチック製、竹製が多かった。

箸頭（箸の頭）の形状が四角か丸かを尋ねた。第3子を除いて四角が多く父親は92%、母親は72%。1子～2子は75%であったが、3子は65%であった。

全体的に箸頭は四角：丸＝7：3で四角が多い。橋本氏による1978年の調査では四角のほうが圧倒的に多く9：1であった。

3　箸の長さはなぜ違うのだろう

材質と形状が同じでも、銘々箸というのはおそらく長さが違うのではないかと考えて、箸の長さを尋ねた。家族全員同じ長さと答えたのは2世帯しかなく、ほとんどの家庭では家族員の箸の長さが違うことがわかった。

最も長いのは父親で、22.1～23cm、23.1～23.8cmが83%で圧倒的に多くおおむね22.8cmである。なかには17cmの子ども用の箸を用いる父親も1人いた。母親は19.1～20.0cm（37%）、22.1～23.0cm（35%）の2つにピークがあった。おおむね19.4cm前後と22.4cm前後がよく使われ父親よりもバラツキが多い。16cmの子ども用箸を使用している母親が1人いた。子どもは1子と2子では19.6cm、3子は19.0～20.0が44%と高い。

76%の家庭で父親は母親よりも長い箸を使っていた。夫婦の箸の長さの差は1cm以内22%、3.0～4.8cm18%、2.0～3.0未満18%、1.5～2.0cm12%であった。

ちなみに、有名な二見興玉神社の夫婦箸は男用22.5cm、女用

表3　食器売り場の市販箸の男女別長さ（数字は銘柄数）

長さ　cm	男用（黒地）	女用（朱・赤）	中間用（素木を含む）	合計
18.5	0	1	1	2
19.5	4	4	7	15
20.0	0	0	1	1
20.5	0	5	0	5
21.0	1	8	1	10
21.5	1	1	0	2
22.5	10	1	3	14
22.8	2	0	0	2
23.0	2	0	0	2
23.5	7	0	1	8
25.0	1	0	0	1
合計	28	20	14	62

1992.7.29. 近鉄百貨店大阪市上本町店調べ

21.0cm で差は 1.5cm。京都平安神宮の平安箸は男 20cm、女 18cm の角杉箸で差は 2.0cm。

市販の箸の材質と図柄が同じで長さが違う男女ペアーの箸を調べた。（1992 年、大阪市内百貨店和食器売り場）62 種類の箸のうちペアー箸は 16 組 32 種類で全体の半分。男性用が女性用より長く、その差は 3cm 以上が 7 割を占めた。男女学生を実際に計測した手の長さの差は 1.7cm であったから、市販の夫婦箸の差 3cm は大きすぎるのではないかと考える。市販の箸の長さを調べた。（表 3）

4　銘々箸の所有数

箸を何組持っているか尋ねた。1組が60～88%で圧倒的に多い。2組は子のほうが多く36%で、母親が最も少ない。

箸箱を使用する家庭は4割強である。家族員全員が使用しているのは1家庭だけであった。箸箱を使用している家族員は意外に多い。

5　銘々箸の満足度と箸を買い換えるとき

現在使用中の銘々箸について満足かどうか尋ねた。

「十分満足」は父親と母親に多く各45%、43%であった。子どもは低く、「普通」のほうが多く、1子、2子、3子それぞれ54%、46%、55%であった。子どもの場合、箸の長さにはバラツキが大きいせいではないかと考えた。

箸を買い替えるのはどんな時か尋ねた。「塗りが剥げたとき」「折れたとき」「なくしたとき」「汚れたとき」の順に多かった。その他では、「可愛い図柄を見つけたとき」「年の始めに気分を一新するとき」「気分転換」「誰かが誤って使ったとき」という理由があげられた。気分を変えるというのは興味深い。

昔、農村では正月の支度に新しい清らかな木を選んで箸を削り（ハシカキ）、神との共食の準備をする。これはわずか1家庭であった。日常贅沢な消費生活をしているわりには、余分の箸を多く持たず最小限しか持たないのは意外であった。

利休箸（京都風）は両端が細くなっている。これは食事をしている時片方は神様が使っておられる。日本人は食事の時「いただきます」という。これは、神さまに言っている言葉であり、神との共食をさすという。箸の両方を削ったのは「ハレ」の箸、片方だけ削ったのを「ケ」の箸という。「ハレ」とはお祝い、「ケ」とは日常、ふだん用。武家作法では片方を尖ったものを使う。

以上、銘々箸を使用する家庭が90％にもおよんでいる割には、箸の材質や長さには気くばりが不充分ではないか。こだわりが少ないのは、習慣やただなんとなくという理由で使用しているせいであろう。両親より子どものほうがむしろ身長が高いケースもあり、父親の手の長さが家庭で一番大きいとは限らない。せっかく銘々箸を使うのであれば、もっと内容を吟味してより満足度が高いものにしてほしいものである。

銘々箸は正月でも習慣化している。お正月には雑煮を食べる箸を年々新しいものに取り替える。いわゆる「祝い箸」で白い箸包みにのしがついた箸が売り出される。家族、来客のために買い求める。「寿」の字の下に銘々の名前を書いて新年の始まりの膳に使い正月のあいだ中それを使う。材質は柳を使う地方もあるが、九州や山口ではおめでたいときに栗の木の箸を使う。栗の実を採った後枝打ちすると新枝が出てくる。実をつけるものだけを残し他の枝は切る。これで箸を作るという。

個別に名前を書いて個人所有するわけだ。他人の箸と区別する。

兵庫県芦屋市駅前の食器店の店頭で2011年の暮れに調べた祝い箸の材質は、すべてみずき（通称本柳）が使われていた。国産と表面の右肩に大きく明示したもの、裏の表示欄に中国産と小さく明示したもの、表示がないものの３種類であった。水引（金銀２色）が結ばれているもの、プリント模様、キャラクター模様など多様であった。壽の文字が書かれていた。価格は１膳あたり約10円である。

3・割り箸はなぜ必要か

1　割り箸の歴史を知ろう

割り箸とは、一色氏によると木、竹で角型の形をつくり、真ん中に割りやすいように溝を入れ、食べるときに2つに割って使う箸をいう。江戸時代中期「割りかけ箸」「引き裂き箸」と呼ばれたのは竹の割り箸である。当時は80種類もあったが現在は少なくなった。

〔元禄：21cm　角取りし削っている〕

〔小判：21cm　中級品　大衆食堂用〕

〔利休：26cm　24cm　28cm　両細　両口〕

〔天削げ：24cm～18cm　高級品　高級料理店用　箸の天部（箸頭）が斜めに削《そ》いである。箸先の挟む部分だけ角取りし削《そ》いである〕

※ただし2013年3月JR札幌駅構内の居酒屋では竹の割り箸24cm天削げが用いられていたが必ずしも高級とはいえない

割り箸の使い捨ては“もったいない”とたびたび問題にされる。それというのも外食の増加につれて莫大な箸が使い捨てされるからである。特に今日、外国から箸の原料、木材を輸入しているので、輸入していながら捨てるという非条理が問題を投げかける。なかには使い捨てを防ぐ意味で自分用の箸を持ち歩く人もいる。

反面、外食では割り箸はなくてはならないものとして日本人には評価されている。理由をいくつかあげてみよう。

①使い捨てなので清潔、安心。

②箸先が角ばっているため食べ物がすべらず切りやすい。

③木の断面繊維が露出しているので食べ物をつまんだときすべりにくい。

④箸を握ったとき手がすべりにくい。

⑤うどんなどすべりやすい食べ物では塗り箸でなくわざわざ割り箸を使う。

⑥生魚、刺身などの料理では箸先に生臭い臭いがつき、使い終わって洗った後も生臭さが残るので、割り箸を使い、使い捨てにする。

割り箸は塗り箸に比べてはるかに利便性が高い。とくに大衆食堂、社員食堂、学食で洗いまわしの箸が共用される場合があるが、なんとなく気持ちが悪いと感じるのではなかろうか。

箸折峠という場所が各地にある。和歌山県日高では、花山印法皇が御幸されたとき、峠で昼ごはんを食べた後に箸を折られたので、その峠は箸折峠を呼ばれている。またにしむろ(にしむろば)郡では、ある殿様がやはり食事のあと箸を折ったので箸折峠と呼ばれている場所がある。このように野山で食事をした後に必ず箸を折る習慣がある。阿部氏によると、もし折らずに捨てたら、その箸には妖怪がとりつき、箸を使った人が病気になるという言い伝えがある。もっともその奥底には使った箸は自分自身のものであって、他のいかなる人のものでもないという思想が貫かれているためと思われているという。箸は自分自身の大切なものであるという感情があるからだろうか。割り箸は1回限りのものである。

だから、箸が未使用であることを示すために、1本ずつに分割せず、使う人が割って真新しいことを確認する。使用した後は、決して箸袋に収めない。収めてしまうと、うっかりサービス側が新品と勘違いして客にだすかもしれない。そうした間違いがないようにする気配りが客に求められている。

割り箸に使う木材は杉、檜《ひのき》、柳、桑、槐《えんじゅ》、槅《あで》、鉄木紫檀、黒檀、鉄刀木《たがやさん》、一位《いちい》、樺《かば》、椙《しな》、竹、梅、榧《かや》など。

割り箸の主な産地は、奈良の古市（吉野杉)、北海道（しな、樺)、金沢（ソ連産のスプルス)、山陰、山陽（松)、九州（竹）である。地域に多く産出する木材が使われる。

割り箸は多くの場合、むき出しにしない。衛生上の気配り、清潔感の表れで、紙、箸袋で包む。その色は祝儀と忌みの時で色使いが違うので注意が必要。お祝いの時は赤、忌みの時には赤を避け、黄色、うすい紺色などになる。また、包装紙は手前が輪になるように包む。こうした決まりごとは伝統文化であり礼儀を守りたい。

2　割り箸の長さはこれでいいのか

外食産業の急進にともない割り箸の需要が増え、年間消費量は260億膳（1999、2000）にのぼる。これまでは使い慣れた普通の箸が一般に使われてきたが、最近ではスーパーの弁当やすしパックに短い箸が目立つようになり、一方高級志向では長めの箸も出回り二極分化している。一方、若者の体位は昔より大きくなり手の大きさも格段に大きくなっている。短い箸は使いにくいのではないかと考えた。

料理をおいしく味わうには、使いやすい長さの割り箸が望まれる。

そこで、割り箸の長さと使いやすさの関連性を実際に食べて実験した。対象は神戸市内の男女共学大学の男子学生1回生69人（1989年）。

男子学生の身長と手を測った。手の長さは最も長い指：中指から手根骨の最下部までを白い紙の上に当てて測ったもの。（図1）

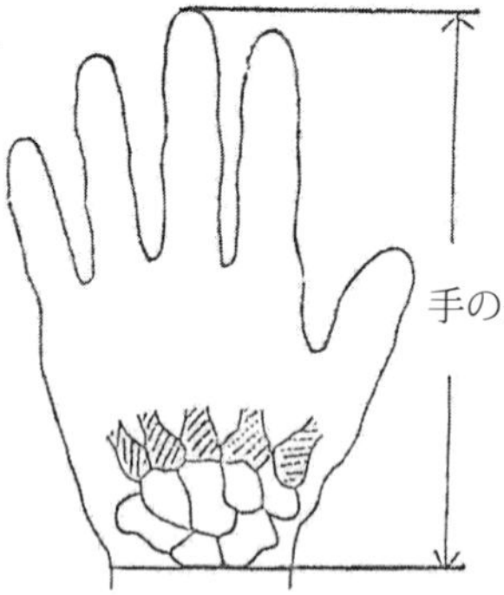

図1　手の長さの測定

両者には高い相関（相関係数＝0.693 ＊＊ 0.1％危険率）がみられた。身長が高いと手の長さも長い。身長の分布は161 〜 186cmであった。手の長さの分布は17.0 〜 21.2cmで、平均18.9cm。大小で4.2cmの差があった。17.9 〜 19.8cmの範囲に87％が該当した。箸の長さは手の長さの1.2倍がよいといわれているので、21.5～23.8cmの箸が適当であるという予測が成り立つ。さて実験した結果はどうだろうか。

市販の割り箸3種類（普及品20.2cm、短い箸16.5cm、長い箸23.5cm）を使って実験した。（表4）

表4　市販の割り箸3種類で実験

	長さcm	重さg	材質	厚み箸先cm	箸頭cm	卸売価格円
普通	20.2	5.3	しらかば	0.4 × 0.4	0.6	1.6
短い	16.5	3.3	松	0.4 × 0.4	0.5	1.3
長い	23.5	5.9	ひのき	0.4 × 0.35	0.7	5.6

箸の機能として「つまむ、持ち上げる、裂く、かき寄せる」などがチェックできるような食べ物として太巻きすしを選んだ。市販の巻きずし（卵、こうやどうふ、きゅうり、かんぴょう、でんぶ入り）を購入し3切れずつ皿に入れて各人に配り、箸の持ちやすさなど6項目について評価してもらい結果とその理由を書いてもらった。(図2)

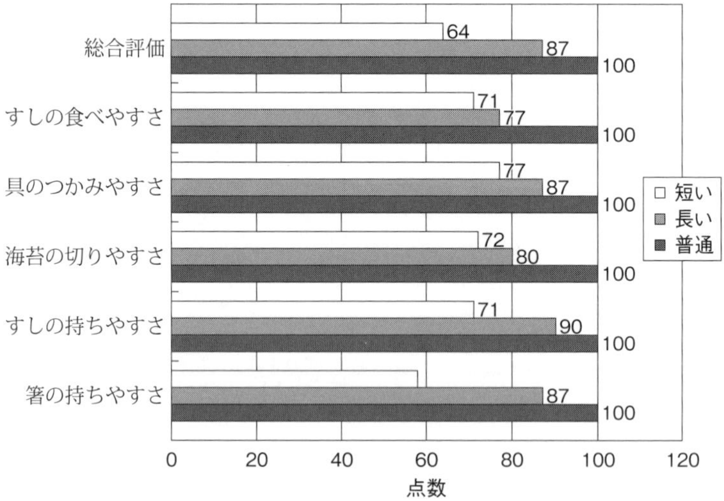

図2　長さの違う3種類の割り箸ですしを食べたときの評価
普通を100とした時の相対値%

6項目のうち総合評価の得点は、「普通の箸」258点「長い箸」223点「短い箸」166点の順で、短い箸の評価は低かった。短い箸は手のほうが大きすぎて持ちにくい、食べにくいという理由であった。長い箸は違和感、扱いにくいと指摘された。普通の箸の評価がトップなのは、慣れているということもあった。（表5）

3種類の箸のなかで最も好ましい箸として選ばれた箸は、「普通の箸」39人（57%）「長い箸」30人（43%）「短い箸」と答えたのは0人であった。

表５　３種類の長さの割り箸で太巻きずしを食べた場合の箸の評価

	普通の箸	短い箸	長い箸	
			よい点	悪い点
箸の持ちやすさ	・日頃持ちなれているから ・使い慣れているから ・安定	・バランスが取れない ・手の中にすっぽり入る ・箸のような気がしない ・手になじまない ・不安定 ・持ちにくい ・持ち方がおかしくなる	・手にしっくりする ・支点が長いので持ちやすい ・手に負担がかからない ・安定している ・長さ、太さもよい	・太さが太くなるので扱いにくい
すしの持ちやすさ	・安定	・不安定 ・持ちづらい ・広げたり閉じたりしにくい	・支点が長いので持ちやすい ・手に負担がかからない	・長すぎる
海苔の切りやすさ	・切りやすい	・力が要る	・パワーがある	・長すぎる ・力が入りにくい
具のつかみやすさ	・安定性がある	・力が入りにくい ・つかみにくい ・箸の先が閉じにくい	・扱いやすい ・力が要らない	・長いとつかみにくい ・不安定 ・長すぎる ・力が伝わりにくい
寿司の食べやすさ	・手にあっている ・握りやすい	・手のほうが大きすぎる	・慣れている ・手の大きさにあっている	・手のなかで自由が利かない ・長すぎる ・力が入りにくい ・長いと違和感がある

神戸市内大学の男子学生 1 回生 69 人の実験結果 1998 年 7 月実施

理想の箸の長さ＝手の長さ× 1.2 倍といわれる。そこで理想の箸の長さを求めそれぞれの該当者が上記 3 種類の箸のなかで最も好ましい箸としてどれを選んでいるか両者の関連性をみた。（図 3）

「普通の箸 20.2cm」が最も好ましいとした 38 人は、全員理想の長さは 21.5 ～ 24.49cm なので、市飯品よりさらに 1.3 ～ 4.2cm さらに長いものが理想の箸の長さであることが分かった。

「長い箸 23.5cm」が最も好ましいとした 30 人は、理想の長さは

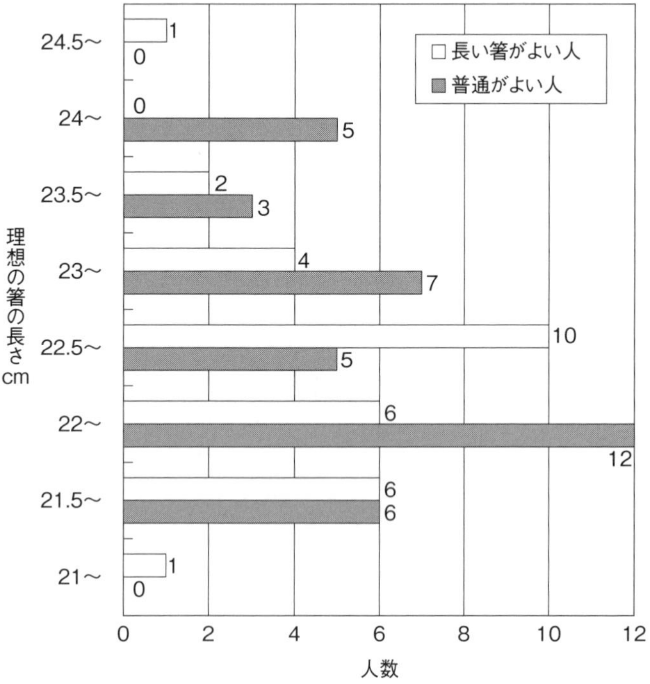

図 3　理想の箸の長さ（手の長さの 1.2 倍）と実際に希望する箸の長さとの関係

21.00 ～ 24.99cm なので、3 人のみが理想の箸の長さより長く、残り 27 人は 23.5cm の範囲内で市販の箸で十分であることが分かった。

以上から、理想の箸の長さは「長い箸と普通の箸の中間」21 ～ 24cm の間をさらに分割し 22cm、23cm、24cm と 1cm 刻みの長さにすればよいと考える。

この結果から、食べ物をおいしく気持ちよく味わうには、箸の長さが果たす役割が大きいことがわかる。

「短い箸」は実験に協力した男子学生の平均の手の長さの 80%の長さにすぎずあまりにも短く不適切である。本来なら手の長さの 1.2 倍必要であるが、短い箸は食べ物のケース（たとえば寿司の箱）の長さに合わせているようだ。しかし経済性を重視するため短い箸が流行している傾向には警鐘を鳴らしたい。

反面「普通の箸」は 1.2 倍より短いにもかかわらず「よい」という評価の人が多かった。

環境問題を配慮して総合判断すると長い箸と普通品との中間の長さの箸が望まれることがわかった。高級志向で見ばえのよい長い箸はみながみな喜んでいない、無用の長物と評価されている向きがあることを指摘したい。

手の長い人が必ずしも長い箸を好むとはいえず、普通の長さの使い慣れた箸を好んでいた。慣れるというクセの文化は、別の意味で恐ろしいものである。

3　手に合わない箸を使うと筋肉が疲れる

これまで、橋本氏は「伝統的な箸の持ち方」はいわゆる「鉛筆持ちという箸の持ち方」より手の負担が軽く、疲れないという。割り箸でも同様に箸の長さによって手の筋肉に与える影響が大きいのではないかと推論した。

そこで甲南女子大学の学生 65 人を対象に、手の長さに見合う特注の割り箸を作り、太巻きすしを食べてもらい筋活動度測定の実験を試みた（1989）。

用意した箸は市販の割り箸 3 種類（普通 20.2cm、短い 16.5cm、長い 23.5cm）と食べやすい長さに特注した箸（21.5cm、重さ 5.3g、ひのき、箸頭 0.6cm、卸売り価格 5.60 円）を使った。

65 人の手の長さは、15.9 ～ 18.5cm で、差は 2.6cm、平均 17.2cm であった。身長は 146cm ～ 173cm で平均値は 158.3cm であった。すしを食べながら 6 項目について箸の使いやすさを調べた。

6 項目すべてにおいて「普通」の箸は「短い」「長い」箸より使いやすいと評価された。三者の差が小さかったのは、海苔の切りやすさであった。

手に合う箸の長さは手の 1.1 ～ 1.2 倍（橋本氏は 1.1 倍がよい）といわれるので、実測値× 1.2 倍すると 19.2 ～ 22.4 になる。江頭氏は家庭用の塗り箸は 21.5cm が多く用いられているというので、特注品の箸の長さを 21.5cm とした。ちなみに箸 21.5cm ＝手の長さの平均値 17.2cm × 1.25 である。

その結果、「普通」に比べて「特注品」の箸は6項目すべてにおいて普通の箸より「箸が持ちやすい」「すしが持ちやすい」「具がつかみやすい」「海苔が切りやすい」「すしが食べやすい」であった。(図4)

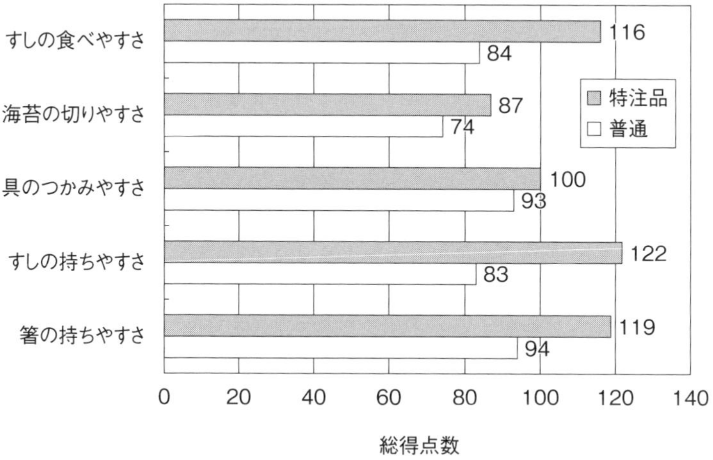

図4　箸の使いやすさ（普通と特注品の比較）

このことから、箸の長さが手の長さに合うと、スムーズに使え、食べる時のストレスが少ないと推測された。これを確かめるために筋活動度を測定した。（図 5）

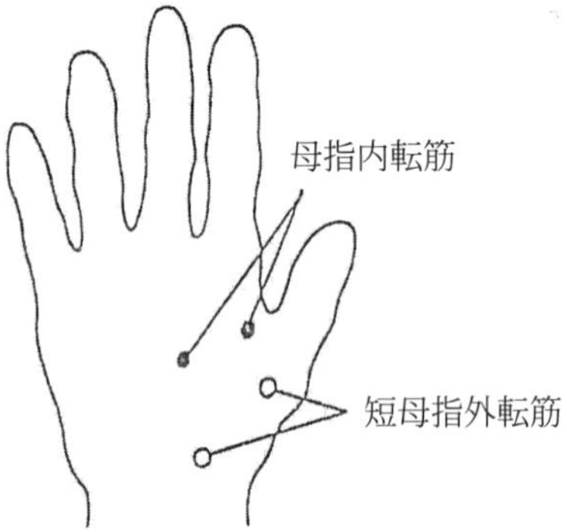

図 5　箸で食べる時の手の筋活動

巻きすし 1 切れを上に向けて箸で 2 つに切るまでの時間と要する筋活動量を調べた。（表 6）

すると、「普通」の箸に比べて長い箸は約 2 倍時間がかかり、短い箸では特注品の 1.6 倍の時間がかかった。筋活動量は「特注」の箸が最も少なかった。短くても長くても扱いにくく、指に力が要ることがわかる。

弁当の中身には滑りやすいウインナー、大きなトンカツ、ほぐしにくい塩鮭など格闘しなければならないおかずがままある。食べやすい箸を選ぶことがおいしく食べるコツである。

表6 箸の種類とポリノグラフによる筋活動量

筋の種類	箸の種類	積分波形	筋総活動量（mV.sec）	完了までの時間（秒）
短母指外転筋	長い	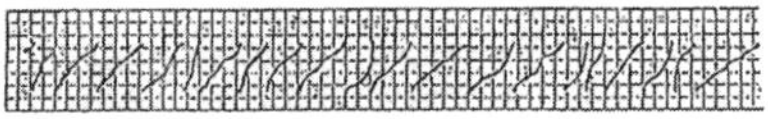	242.4	60
	短い	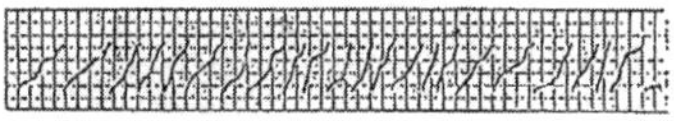	229.8	52
	普通	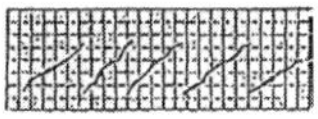	21.2	23
	特注品		24.1	18
母指内転筋	長い	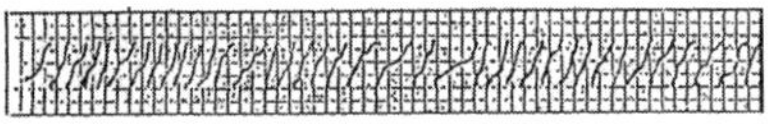	456.0	60
	短い	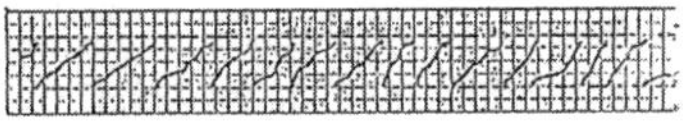	150.8	52
	普通	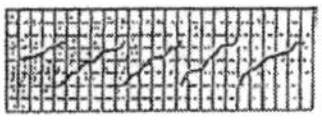	20.7	23
	特注品	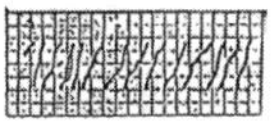	47.9	18

4・すべりどめ塗り箸

1　なぜすべりどめ箸が出現したのか

世はすべり止め時代である。衣類をかけるハンガー、お風呂マット、靴、階段などなどあちこちにすべり止め加工の商品が使われている。人間力、体力が弱まったせいか、あるいは使い方に創意工夫が足りなくなったせいか、はたまたあわただしく待ったなしの忙しい時代のせいか。とにかく、次々と人間能力の不備を補う商品が考案されていく。箸もその流れの一つ。不器用なために食べ物がすべり巧くつかめない。もともと箸を巧く持つことができないのだから、食べ物がつかみにくいのも当然で、巧く持てるようにすることが先決であろう。

箸を巧く持つ自助努力を放棄してすぐ道具によりかかる。そうしてできたのが、すべりどめ箸であろう。ここでは、箸先に凹凸をつけた箸を「すべりどめ塗り箸」と呼ぶことにする。

確かに身のまわりにはすべりやすい食べ物が多い。

まず学生（甲南女子大生 80 名）にすべりやすいと感じる食べ物

の名前を3つ連記してもらった。すると45種類の食べ物が列挙された。上位5つは麺類（うどん、そば、そうめん）、こんにゃく（板こんにゃく、糸こんにゃく）、豆腐、さといも、ゆでたまごであった。7割の学生が麺類をあげている。

そのせいか、うどん屋はかならず割り箸を置いている。割り箸は箸先が角ばっていて、箸先の表面は木の繊維で凸凹している。うどんが引っかかりやすい。また、手で握る部分も同じく凸凹ですべりにくく力が入りやすい。割り箸はうどんのためにあるとさえ思える。

2　すべりどめ箸の形状を知る

市販のすべりどめ箸には箸先にすべりどめ加工が施されている。その形状は箸先5cmの部分に凹凸状、輪状のくぼみなどである。

3　割り箸、塗り箸、普通の箸の機能を比較してみると

そこで、すべりやすい食べ物の代表格であるうどんをすべりどめ箸で実際に学生に食べてもらい、その効果を従来の塗り箸（すべりどめなし）、割り箸と3種類の箸で比較実験した。

学生（甲南女子大学学生67人）と共に実験（1992年7月と11月）した。

箸は3種類で、従来の塗り箸、すべりどめ塗り箸、割り箸、その他の条件は同じで長さ：22.5cm、箸頭：7×7mm（割り箸は5×

表７　実験に使ったすべりどめ箸

	長さ cm	重さ g	材　質	箸頭 cm	箸先の形状
普　通　箸	22.5	12.8	天　然　木 エポキシ塗	0.7	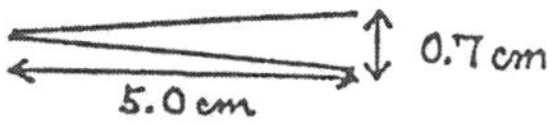
すべりどめ箸	22.5	12.6	天　然　木 エポキシ塗	0.7	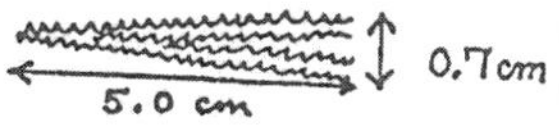

6mm)。箸先の断面図はすべりどめ箸だけがギザギザである。(表7)

市販のうどん100gを鉢に入れうどんだし汁100ccを注ぎ入れ、試食しながら評価用紙に記入した。割り箸の評価を３点（基準）とした場合、すべりどめ箸を相対評価してもらった。ちなみに家庭ですべりどめ箸を使っている学生は24％であった。

すべりどめ箸は割り箸に比べると、「切りやすさ」「すべりやすさ」の２項目で割り箸の方が有意にすぐれていることがわかった。(図6) 割り箸は箸先が角ばっているので切れやすいし、すべりにくい。

ちなみに、塗り箸と割り箸を比較したところ、全項目において有意に塗り箸は割り箸に比べて劣ることがわかった。（図７）家庭では子どもがプラスチックの箸でうどんを食べているが、これはすべりやすく不適切なことが推察される。うどんは割り箸で食べるほうが食べやすいことを教えたい。

３つの箸の箸先の汚れ具合を比較した。（図８）食べている途中と食べ終わったときの両方を比較したが、ほとんど差がない。割り箸

4　すべりどめ塗り箸

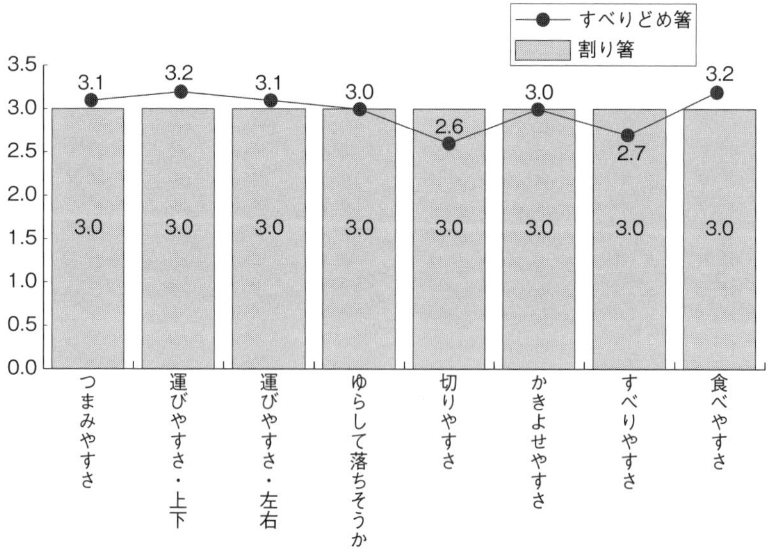

図６　うどんを食べたときのすべりどめ箸と割り箸の比較

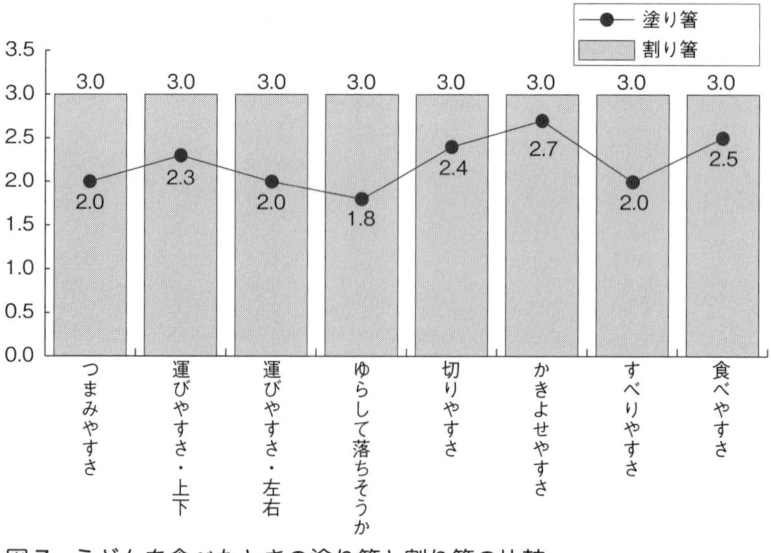

図７　うどんを食べたときの塗り箸と割り箸の比較
（全項目で有意差あり。塗り箸は割り箸に劣る）

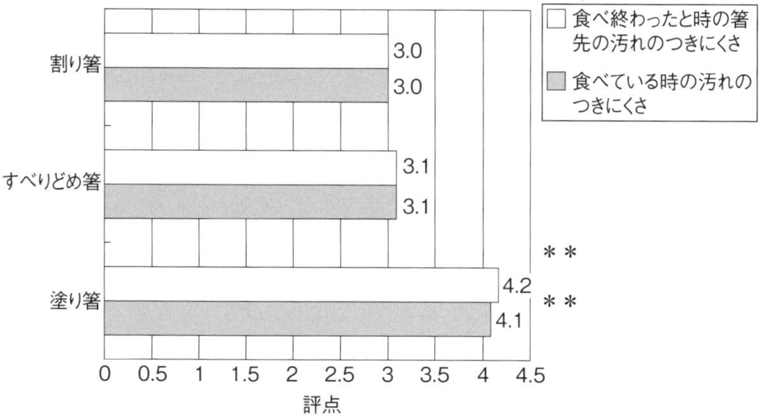

図８　箸先の汚れのつきにくさの比較

とすべりどめ箸はほぼ同じでよごれが少しついている程度であった。一方、塗りの箸はほとんど食べ物が付着せず、きれいな状態で割り箸、すべりどめ箸に比べて有意に箸先につきにくい。

実際に口にうどんを運んでみた場合の感触を調べた。(図9)

すべりどめ箸は割り箸に比べて「唇に触れたときに違和感がある」と指摘され、評価が低かった。それ以外の項目では両者に差がなかった。口の中では差がないというのは面白い。唇というのは、箸の箸先が直接触れるので凸凹の感触、ザラザラ感を敏感に感じとるので嫌われる。食の用具は箸に限らず唇感覚を大事にしなければならないことが示唆された。

今回、すべりどめ箸をはじめて使った学生に、箸を購入したいかと尋ねた。はいと答えた人は1%にみたなかった。割り箸に匹敵す

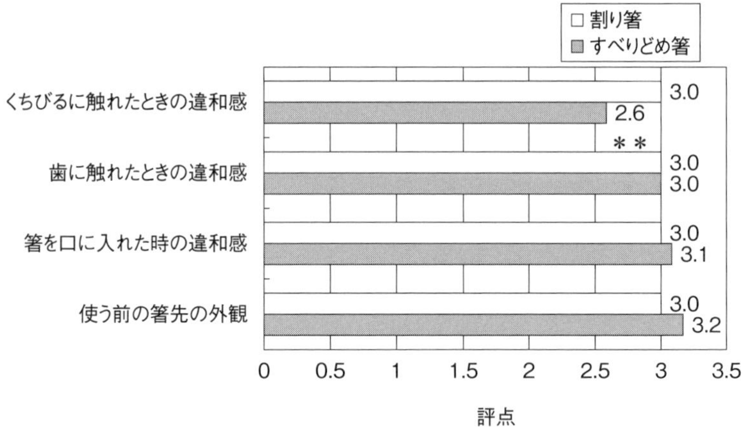

図９　すべりどめ箸と割り箸の外観と感触の比較

るほどすべりにくい優れものであるにもかかわらず人気がなかったのは、唇の心地よさに違和感があるためであろう。箸がいかに繊細な食の用具であるか再認識する結果になった。

4　使いやすさと衛生のチェック

箸先に食べ物がつきやすいので、実際の食事内容に近い食べ物を用意して学生に食べてもらった。甲南女子大学の学生54人と共に実験した（1991～1992）。

食べ物はゆで卵（1個）、こんにゃく（ゆでたあと4×3.5×2.5cm長方形3個）、煮豆（大豆煮物30g）、米飯（100g）を各人に配った。

箸は2種類で、普通の箸（従来の塗り箸）と箸先5cmにすべりどめの凸凹が施されている塗り箸である。両方とも同じ天然木エポ

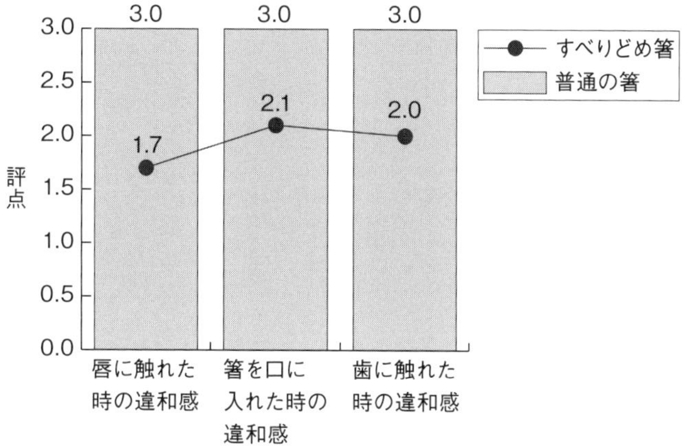

図10　すべりどめの箸の感触と違和感（評点が低い方が劣る）

キシ塗り、長さ22.5cm、箸頭0.7cmである。

「唇にふれたとき」「口に入れたとき」「歯にふれたとき」の3項目について比較すると、すべりどめ箸は普通の箸に比べてすべての項目で違和感があり、有意に低い評価になった。（図10）

最も大きな違和感は唇であった。すべりどめ箸の先端5cmのギザギザは不快なものとしてとらえられていることがわかった。唇、口の中、舌にざらざらした感触を与えるという評価が多かった。前項でうどんを食べたときには唇以外の項目では差がなかったが、食べ物の量が増え、口のなかに箸ごと食べ物を入れる頻度が多いため差が大きくでた。

使った後の箸の箸先を寒天培養し、生菌発育状況を比較した。普通の洗い方の場合、すべりどめ箸には生菌（菌が生息している）が認められた。しかし洗剤で2倍の時間かけて丁寧に洗った後ゆすい

表8　寒天培地による箸先の生菌発育状況

条件		普通箸	すべりどめ箸
a	洗浄 なし	＋	＋
b	洗剤洗い　流水すすぎ 5秒　7秒間	－	＋
c	洗剤洗い　流水すすぎ 10秒　14秒間	－	－
d	bを熱湯消毒 100℃　1分間	－	－
e	オスマン消毒 0.1%溶液　30分間	－	－

だ場合には生菌は認められなかった。よってすべりどめ箸は普通の箸より十分時間をかけて丁寧に洗うことが衛生面で必要であることがわかった。（表8）

5・先割れスプーン

1　先割れスプーンは必要か

先割れスプーンが学校給食に登場したのは、いつごろか判然としない。朝日新聞（1988年2月24日）によると、「全国の公立小・中学校の75％でまだ使われていることが文部省の調査でわかった」と報じている。同記事には「ご飯給食の時には箸を使うという併用派が大半だが、先割れスプーン1本やりの学校も6.6％あった」という。ただ先割れスプーンは世間から難癖をつけられてしだいに姿を消していった。

学校給食はただ食事を提供するだけでなく、食事中の望ましい食習慣を身につけさせ育てなければならないが、先割れスプーンは問題が大きかったからである。

一つには、食べにくい。二つ、姿勢が悪くなる。前のめりになり犬ぐいになる。三つ、箸が巧く持てないのは、先割れスプーンのせいであるなどなど批判があった。

「先割れスプーンを学校給食から追放する会」が調査した結果を

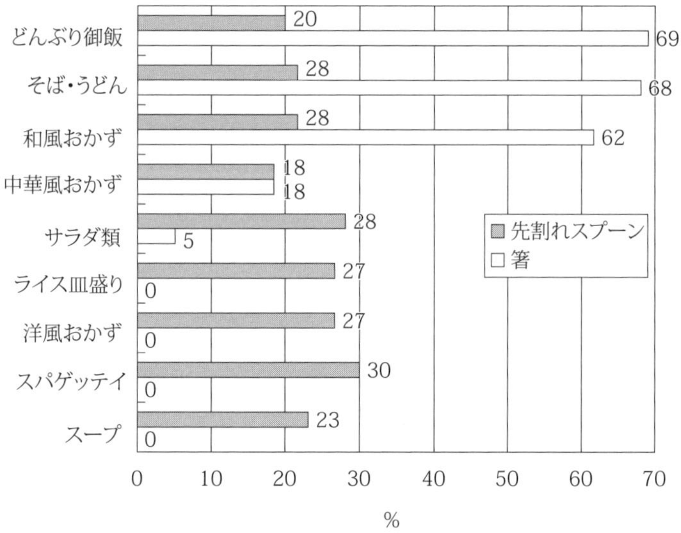

図 11　次の料理を食べるのに最も食べやすい用具はどれですか
(東京都、千葉県の小学校生徒 1156 人対象学校給食から先割れスプーンを追放する会調査一部抜粋)

みてみよう。

「あなたは次の料理を食べるのに最も食べやすいのはどの用具ですか」という問いかけに小学生が答えたデータのうち、ここでは先割れスプーンと箸のデータのみ抜粋した。(図 11)

「ライスの皿盛り」はスプーン 6 割、先割れスプーン 3 割、フォーク、ナイフとフォークの順で、箸は全くない。洋風おかずは、フォーク 4 割強、先割れスプーン 3 割、ナイフフォーク 2 割、スプーン 1 割で箸は全くない。サラダはフォーク 4 割強、先割れスプーン 3 割、スプーンと続き、箸は 5%に満たない。ライスは箸では食べないという考えが生徒の中に固定しているようである。そば、うどんも先割れスプーンという答えが2割もあり驚く。学校教育とはいったいなんなのか。保護者が反対しなければなにをやらかしてもいいのか。

なぜこのような、おもしろい食の用具を学校給食に取り入れたのか疑問である。ともかく、以上の三つの点の適正さを吟味するために実験をおこなった。

2　箸、スプーンと比較してみると

先割れスプーン、箸、スプーン、ティスプーンを比較するために6つの料理を実際に作り、用具の特性を把握した。実験は本学の学生3人と研究室員2人と筆者計6人である。(表9)

表9　先割れスプーンと他の用具との比較実験

実験	実験のねらい		比較用具	実際作った料理	
	料理	機能			
1	汁物	すくう	スープスプーン	コーンスープ	100g
2	具の多いスープ	すくう	箸	豚汁	150g
3	硬く切れにくいもの	つきさす	箸	いそべあげ・ちくわ	60g
4	ほぐれやすい魚	ほぐす	箸	白身魚	30g
5	滑りやすいもの	からまる	箸	スパゲティ	100g
6	すくって食べるもの	掘る	ティスプーン	キウイ	50g
7	速度	1回分の分量	箸	スパゲテイ	—

＊コーンスープ（先割れスプーンはダメであった）〈以下×と表記〉

食べ終わるのに普通のスプーンより1.3倍時間がかかったが、特に食べにくいわけではない。先割れ部分にコーンがかかって穴をふさぎ食べやすかった。しかし、普通のスプーンのほうがよい。汁椀に口をつけて飲む生徒が多いだろうと推察した。

＊豚汁（先割れスプーン×）

具（せん切り）が先割れスプーンからはみ出して落ちそうになり食べにくい。汁もスプーンに入ってくるので食べにくい。ステンレス製の椀が熱いので持ち上げにくい。前かがみになる。姿勢が悪くなるのではないか。両者の食べる時間には差がない。具を乱切りにしてみると、食べやすいことが分かった。

＊いそべあげ（先割れスプーン×）

ちくわを刺して口に運ぶまでに落ちそうになりあせって大口になり多めにほおばってしまう。一方、箸は落着いて食べられるのでよい。先割れスプーンは前かがみになった。つき刺す機能は先割れスプーンにはないので意味がない。

＊白身魚　（先割れスプーンは×）

先割れスプーンは身を切るとぼろぼろに崩れて汚れる。終わりには細切れをすくうのが大変。姿勢が悪く前かがみになった。箸のほうが食べやすい。箸のほうが1.3倍早く食べられる。

＊スパゲティ（先割れスプーンは×）

箸のほうが食べやすい。先割れスプーンは非常に食べにくい。食べるとき食器に顔を突っ込むようになるので姿勢が悪くなる。1回につかまえる分量は先割れスプーンのほうが少なく、むらがある。大量にすくえるときとほとんどすくえないときとがある。かきこむ姿勢になり前かがみで行儀が悪くなる。姿勢に悪影響を及ぼすので要注意。箸のほうが、はるかに優れている。箸は10回で完全に食べることができた。ただ、グリンピースは箸でつかみにくい。

＊キウイ　(先割れスプーンは×)

キウイの芯が先割れスプーンの先に引っかかる。皮が破れる。食べた後が汚くなる。一方、スプーンは簡単にすくえ、皮も破れず、食べた後もきれいでよい。

どの料理も先割れスプーンは他の用具に比べて劣った。「すくう」「つきさす」「ほぐす」「からめる」「掘る」の5つの機能は他の用具(箸、スプーン類)より劣っていた。「食べにくい」「時間がかかる」「前かがみになる」「こぼれる」などである。ただ、先割れスプーンの唯一の機能はほぐす機能であった。なぜ、こうした用具が教育の場に侵入したのか、不思議でならない。子どもの手の発達を阻害するために意図的に用いたのかと勘ぐるほどだ。あるいは、業者の販路拡大、販売目的が先行したためであろうか。

3　先割れスプーンは姿勢を悪くする

先割れスプーンは食べていて確かに前かがみになった。ひどい場合、顔を皿に埋めるような姿になった。そこで、先割れスプーンでスパゲティを食べる姿と箸で食べる姿とをシルエッターで投影比較し、はたして姿勢が悪くなるのかどうか調べた。（図 12）

ちなみに、学校給食から先割れスプーンを追放する会が 1978 年に発足し犬食いを直そうとする動きが広がり始めた。

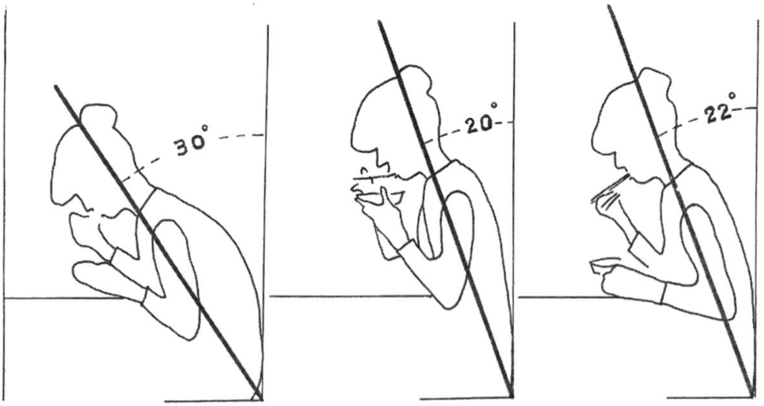

先割れスプーン　　器をもちあげて先割れスプーン　　はし

図 12　先割れスプーンと箸を用いてスパゲッティを食べた場合の姿勢の比較（実験者：身長 160cm、座高 87.8cm）

4　外食で見かける先割れスプーンの親戚？

仙台空港内のとあるレストランでは、カウンター形式で牛タン料理を食べさせている。関西から出かけると珍しいのでよく利用する。驚くのは、牛タン入りの料理すべてに、興味深い用具が箸と一緒にでてくる。箸だけで十分だが、せっかくなので使うことにする。汁気をすくって食べるときに使うのだが、どう考えても食べにくい。スプーンとフォークが合体した不思議な用具であるがフォークが余分で全く必要ない。（図 13）

食べ終わったとき、フォークの部分を全く使っていないことに気づいた。全く汚れていない。スプーンだけで十分である。このような奇妙な用具を空港でだすと外国からの客人はおそらく驚き呆れるのではなかろうか。ちなみに、牛タンには包丁で切れ目が入れてありしかもやわらかくおいしい。

図 13　外食で見かけた奇妙な用具

6・箸の持ち方がおかしくないか？

1　箸づかい―手の機能は脳の働きを高めるのか

医学的立場からみると、箸を使うためには手の精巧な動きが必要であり、これは脳へのフィードバックを繰り返し、しだいに精度が高められていくという。上羽氏はこのフィードバックには以下の3つがあるという。

①大脳皮質と共に小脳や視床、中枢神経系のすべてが関与する。

②内受容器フィードバックとして、筋や関節などの運動器内にある筋紡錘や関節固有受容器を介するものがある。

③外内受容器フィードバックとして、視覚、触覚、聴覚などの外界を介するものがある。そして小児が箸の使い方を覚えたり、字の書き方を覚えたり、ピアノを弾くために内受容器フィードバックが必要不可欠であるという。フィードバック制御において手の機能と脳の働きが強く関連づけられるという。

箸の機能が十分に発達していない段階だからこそ、箸を使うことによって上述の機能が高められていく。うまく握ることができないから、避けて通るのは好ましくない。訓練することで手に注意を集中させ無意識にできるように高めることができるからだ。

工夫や提案として、食事中に箸の持ち方を教えないことだ。食事中は食べることに集中するので箸づかいを教えても受け付けない。かえって食事が嫌になるのがおちである。食事時を避け、別の機会を選ぼう。遊びの要素を交えて繰り返し手をとって教えたい。たとえば、小さい鈴、飴玉、ドロップ、ミニチュア怪獣などをつまみながら教えると楽しい。お誕生会などに友達と一緒にゲームをするのもよい。

2　三つ子の魂百まで━伝統的な箸の持ち方とは

伝統的な箸の持ち方は、使わない指は１本もなく、５本の指が万遍なく相互に連携して動き巧妙なバランス感覚と力の均衡で動く。伝統的な持ち方だけがすべての指の力を誘い出すことができる。

以下に述べる調査に参加した幼児は、すでに５歳である。今から矯正するのはもう遅いという感がする。「鉄は熱いうちに打て」「三つ子の魂百まで」の諺の意味を再確認し、早めに教え込む必要がある。大きくなってから直せばよいという単純なものではないだろう。根気よく教えることで、幼児の集中力を養い、反射的に飲み込ませる。

箸の持ち方は、テニスボールを握る手つきでボールを投げた後のように全部の関節が丸まって曲がっている状態で箸をつかむことである。そして２本の箸を、親指、人差し指、中指の３本でつかむ。親指とひとさし指、中指の３本は、指の腹（指紋のあるほう）

が、箸を触っている。残りの薬指と小指は縁の下の力持ちで箸を支えている。ただし、小指だけは全く箸に触れない。また薬指は指の側面と触れている。大事なことは、指が全部丸く曲がっていることだ。どの関節もお仕事中である。すべての指と関節が総動員されている。このことが大切である。右手の裏を図で書くとこうなる。(図14)

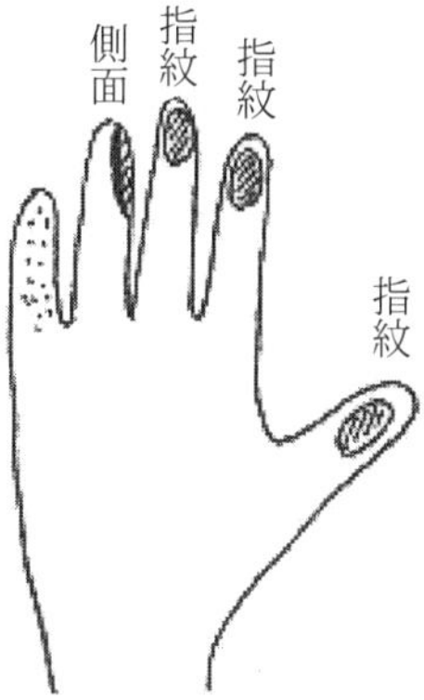

図 14　右手の裏（手のひら）から見た図
箸と触れている部分が斜線

指先の感覚は鋭い。たとえば紙を数える、肌をなでる、布地の肌触りを確かめる、土を捏ねて薄く延ばす、化粧のクリームを顔に延ばす、鍵盤をたたく、スマートフォン、コンピュータの操作など指先の裏、とくに指紋の部分が生活で大事な役割を果たしている。

では伝統的な箸の持ち方はどうか、図 15 に示した。

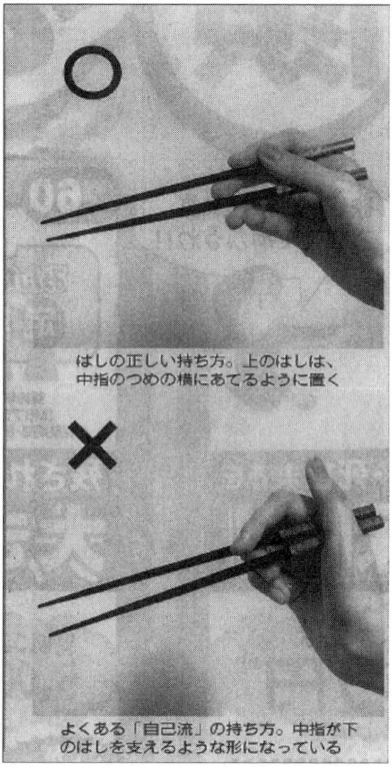

図 15

これは著者の研究室で撮影されたもので読売新聞 2005 年 2 月 7 日掲載された記事（前田氏）である。○は親指、人差し指、中指の指紋が箸と接着している。しかし、×はそうなっていない。おまけに中指が 2 本の箸の下に回りこんでいて、3 本の指で箸を握っていない。親指は宙で遊んでいる。

実際に箸を渡して持ってもらい箸の持ち方を観察して分類した。（表 10）

伝統的な持ち方とそうでない持ち方との決定的な差は、中指の位

表 10　箸の持ち方の図

伝統的	a	伝統型	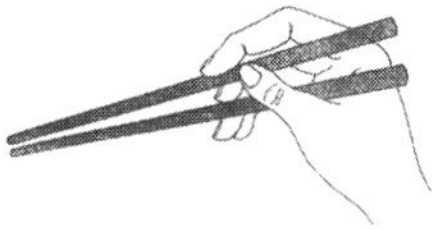
伝統的でない持ち方	b	人差し指が曲がって箸の下に入り指紋が箸に接していない	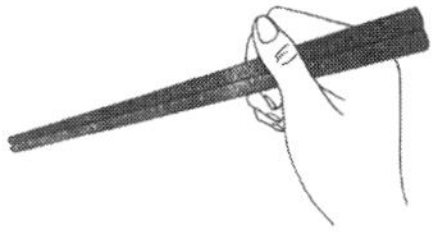
	c	人差し指が一直線で箸に指紋が接していない	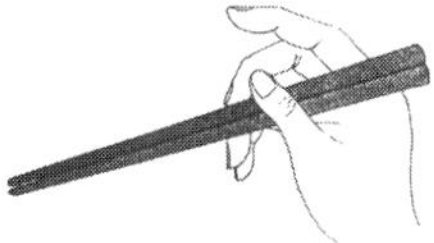
	d	中指が２本の箸の上	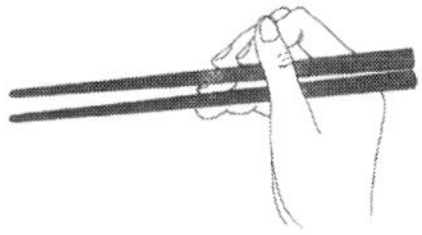
	e	中指が２本の箸の下（指紋が箸に接していない）	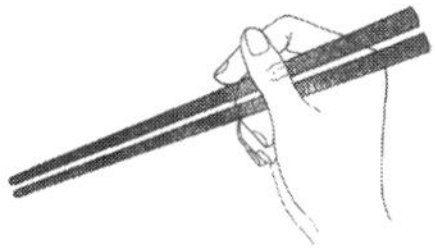
	f	握り箸	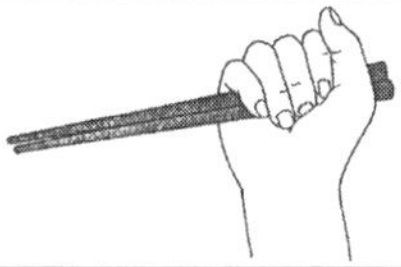
	g	交差している	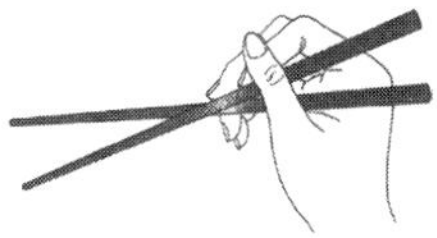
	h	その他（箸先が広がっている）	

（一色八郎『図説手の世界』教育出版、25 頁より箸の持ち方の図のみ転記）

置にある。伝統的な持ち方は、中指が２本の箸の間にあって、支点の重要な役割をしている。ところが、中指の位置が２本の箸の間に入らず、２本の箸の下（鉛筆持ち）、もしくは２本の箸の上になる持ち方に変形している人がいる。中指の位置に問題があるのが約半数であった。また、人差し指も問題で、曲がらずに直線にのびきっているケース、あるいは２本の箸の下にもぐりこんでいるケースがある。要は親指以外の指の置き場所がまちまちなために多様な持ち方になっていることがわかる。

幼稚園児のほうが大学生よりも伝統的な持ち方をしているのが少なく 1/2 ～ 1/3 しかいないのはなぜか、疑問がわく。

3　おかしな箸の持ち方一覧

箸の持ち方の乱れが目立つ。ここまでは、箸の持ち方と脳との関連性を個人の問題として述べた。しかし食事は自分ひとりだけで食べるケースは少なく、ほかの人と一緒に食べる場合が多いので、ほかの人に不快感を与えないようにする配慮が必要である。どんなにおいしい食事でも食べる雰囲気がまずいとおいしくなくなる。

最近は、洋風に加えて多国籍料理が普及し、ナイフ、フォーク、スプーン、レンゲなど多様な用具が登場し、箸の存在感が薄れてきたのではないかと不安だ。

伝統的な箸づかいができる人が減っている。和食は「箸に始まり、箸に終わる」というように、かつては箸の使い方は幼児期に家庭でしっかり身につけさせていたものである。大切な日本人のしつけの一つであった。はたして、今日そうしたしつけはきちんとされているのだろうか。

これまで箸の研究は、文化的、歴史的、機能的、環境保全などさまざまな視点からされてきた。しかし、おかしな箸の持ち方を「伝統的な持ち方に直した」という研究はほとんど見かけない。

そこで、幼稚園児、小学生、大学生に実際に箸で食べ物を食べてもらいながら、伝統的でない箸の持ち方をしている人に箸の持ち方を教えてきた。その結果、多くの人たちに伝統的な箸の持ち方を実践してもらうことができたのでその経緯を述べたい。

4　幼稚園児の場合

神戸市東灘区の私立幼稚園（I、J）133人（2000年6月96人、2003年11月37人）に出向き、年長組5歳児男女が昼食を食べている時の箸の持ち方を調べた。（図16）

伝統的な持ち方ができる幼児はI幼稚園32%、J幼稚園は11%にすぎない。最も多い持ち方は、人差し指が宙で遊び中指が2本の箸の下になっているe型36%、2本の箸が交差したg型32%、中指が2本の箸の上にあるd型29%である。中指、人差し指が見当はずれで、伝統的な持ち方とはほど遠い状態であった。食事時間内では箸の持ち方を直すことはできなかった。この点については後述する。

6　箸の持ち方がおかしくないか？

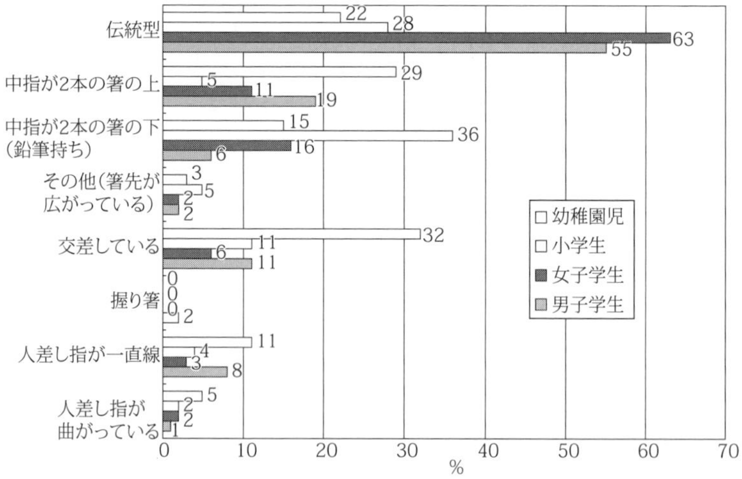

図16　箸の持ち方

5　小学生の場合

神戸市東灘区の小学校G、Hの2箇所（G校1年と6年：2003年11月58人、H校3年と6年：2004年6月91人）に出向き、男女生徒が昼食を食べている時の箸の持ち方を調べた。

伝統的な箸の持ち方をする生徒は両校とも1年では約2割、6年では3～4割で、1年より6年の方が2倍多かった。1年で最も多い持ち方はe型で、中指が2本の箸の下になったのが約4割、g型は2本の箸が交差しているのが約2割で多かった。6年はe型が2～4割でもっとも多かった。箸先が広がっている持ち方の生徒は6年で12%もいた。

伝統的でない持ち方の生徒は、b～hの7通りの持ち方をしていた。学校差があった。理由はアンケート結果から家庭の教育、しつけによる差が大きいことが示唆された。詳細は別項で後述する。

1年で伝統的な箸の持ち方をする生徒は約2割で幼稚園児と大差がない。6年になっても3～4割で少ない。小学校から給食が始まるのは分かっているはずである。保護者は入学前に箸の持ち方を訓練して入学に備えることを心がけよう。

6　女子大生の場合

別個のクラスで4回、計373人を対象とした。いずれも食物系の講義時間に行った。本学学生1回生で18歳～19歳である（2003年11月、2004年5月、2005年5月、11月）。

伝統的な箸の持ち方をする学生は、47%、66%、68%、69%で平均すると6割である。e型：中指が2本の箸の下（鉛筆持ち）がついで多い。ついで多いのがd型：中指が2本の箸の上で、箸が交差している学生が平均6%いたのには驚く。箸先が広がっている学生も2%いた。

7　男子大学生の場合

2箇所、計217人を調べた。1つは神戸市東灘区の男女共学の大学で語学の講義時間をもらい100人の箸の持ち方を調べた（2000

年6月）。いま1つは本学大学祭（2005年10月22、23日、参加男子学生2日間で117人）でキャンパスを訪れた参加者を調べた。キャンパスの会場にテーブルを配置し来学した男子学生に声をかけて座ってもらう。対面方式でアンケート用紙に記入後、箸を持ってキャンデーを左右に運んでもらい、伝統的でない持ち方の学生に女子学生が指導した（後述）。

伝統型な箸の持ち方は5～6割であり、そうでない持ち方ではd型：中指が2本の箸の上、g型：2本の箸が交差した持ち方の順に多く、箸先が広がっている学生が1人いた。小学6年に比べるとややよいが、大学生になってもまだ箸が巧く持てないのは問題であろう。

8　男子大学生と女子大学生の比較

女子学生は男子学生に比べて伝統的な箸の持ち方をする学生がやや多い。箸が交差している女子学生は男子学生の半数しかいない。中指が2本の箸の上になり握り箸の変形になっている人も半数しかいない。しかし反面、鉛筆握りになっている学生が男子学生の2.7倍も多かった。年頃の女性は外観を気遣い、ファッションや化粧に凝って女らしさをアピールしている向きもあるが、際立って男性より箸づかいが優れているとは結論しにくい。男も女も関係なく、日本で食事をするならば、箸づかいを学ぶのが好ましい。

7・箸の持ち方を指導してみると……

さて、伝統的でない持ち方をしている人に、伝統的な持ち方を教えた。

1　幼稚園児の場合

該当者が多すぎて個人レッスンが時間内にできず指導をあきらめたのは、残念であった。

2　小学生の場合

H小学校2クラス、各クラスに女子大生が4人ずつ張り付いて給食時テーブルを歩いて箸づかいを教えた。3年の指導対象は49人中35人。1回目の指導で直った生徒は10人29%、2回目（1週間後）11人31%、3回目（2週間後）4人11%で、合計25人71%であった。残り生徒10人29%は、指導が完了できなかった。教えた内容を理解しその通りに持つことができたのだが、根気よく直し、やり遂げようとする気力が不足していた。なげやりで笑ってごまかし、へらへらしてついてこなかった。素直に従うという気持ちや努力する気持ちが欠けていた。指導は生徒の「やる気」から始める必要があると感じた。

6年も2クラス、同様に指導を行った。42人中21人が対象。1週目18人86％、2週目3人14％で全員指導できた。6年には、3年のような投げやりの生徒がいなかった。時代の流れのせいか、成長して気力がでたせいか、指の器用さが増したせいか、原因不明である。3年は指導するのに骨が折れた。

3　女子大生の場合

本学で講義中の女子大生85人を対象に2005年5～7月指導を試みた。伝統的でない箸の持ち方の学生は26人、31％いた。研究室に来てもらい指導した。

白い皿に大豆30粒を盛り右の皿に移動させた。

一度で直る学生が11人、42％いたが、直らない場合は家庭で練習し、2週目研究室に来てもらい直った学生は14人54％、3週目に直った学生は1人、4％で全員指導できた。学生達は、嬉々としてはずんでいた。よしやるぞという気合がこもっていた。できたとき、嬉しさで涙ぐんでいた。

4　男子学生の場合

大学祭に来場した学生 117 人中伝統的な持ち方でない学生 57 人、49％に箸の持ち方の指導を行った。

場合によっては手をとって女子大生が教えたから男子学生はうきうきしていた。

とにかく、朝 10 時～夕刻暗くなるまで客はひっきりなしにやって来た。飲み込みが早く、全員納得し伝統的な持ち方ができるようになった。空いた椅子に座って自分で反復する熱心党もいた。巧くできると歓声をあげ喜んでいた。受験生、女子高校生や社会人、ときにおじさん、子どもも仲間入りして大繁盛であった。

8・箸の持ち方を考える

1　幼稚園児はいつ頃から箸を持ち始めたか

以下、幼稚園児の保護者92人が回答した。（神戸市東灘区M幼稚園2000年6月）

幼稚園児がいつ頃から箸を持ち始めたか尋ねた。（図17）

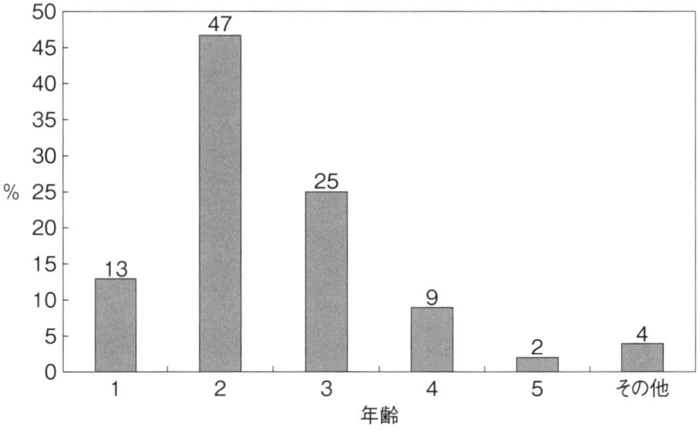

図17　箸を持った年齢

2歳がピーク（47%）、3歳（25%）1歳（13%）で1～3歳までが85%である。4歳、5歳を合わせると96%になる。2歳で約半数が箸を持ち始めるというのはさすがに箸の国ならではの貴重な食行動である。

ちなみに、幼稚園児は「箸を持つことに自分から興味を示しましたか」の回答は「はい」が84%、「いいえ」16%にすぎない。「鉄は熱いうちに打て」この時期を逃さずしっかり教えることが望まれる。

2　いつ頃からその持ち方になったか

女子大生85人に「いつごろからその持ち方になったのですか」という問いに答えてもらった（2005年5月—調査D：伝統的な持ち方の学生65%）。最も多い時期は、幼少期69%、ついで小学校26%で計95%である。E調査も近似していた。

男子大学生117人は幼少の頃（3歳未満）72%、幼稚園・保育所7%、小学校16%で計95%であった（2006年6月調査C：伝統的な持ち方をする学生51%）。

男女共に、約7割の学生が、幼少の頃の持ち方を長期間改めることなく踏襲していることがわかる。

面白いのは、伝統的な箸の持ち方の学生が「わからない」と答えたのは、幼いため記憶していないのであろう。

小学生149人はどうか。幼少の頃が6～7割、小学生が3割で計9割以上であった（2004年6月小学生3年と6年伝統的な持ち方の

生徒は各24%、43%）

「なぜそのような持ち方になったか」質問した結果（調査D女子大生85人2005年5月）、伝統的な持ち方の人とそうでない人とは理由が違った。伝統的な持ち方の学生は、親にしつけられた、教わった、注意された、練習させられたが67%、自然に、気がついたらいつの間にかが10%、自分で意識して直した10%、その他13%であった。一方伝統的でない持ち方の人は、自然に54%、小さい時からの癖19%、持ちやすいから15%、直そうとしたが直らなかったから4%、鉛筆の癖4%、その他4%であった。

男子学生の場合（C調査2005年11月）、伝統的な持ち方の学生は女子学生の理由と近似したが、伝統的でない持ち方の学生は、親の影響23%、自然に21%、持ちやすいから12%、鉛筆の癖9%、直そうとしたが直らなかった、スプーンと同じ、自分で直した、それぞれ4%、その他23%であった。親のせいにしているところが興味深い。放任していたら自然にそうなったといえそうだ。両者の理由の違いが興味深い。

伝統的な箸の持ち方は幼い頃から親に教わり、しつけられ、手間暇かけて育てられていることは明白である。

3　箸の持ち方は誰に似るのか

伝統的な箸の持ち方の学生は、家族の箸の持ち方が関係していると推察される。そこで、「家族の箸の持ち方はどうか」尋ねた（調査C男子大生117人2003年11月）伝統的な持ち方の学生は、家族全員伝統的な持ち方であると62%が答えた。一方、伝統的でない持ち方の学生の家族は全員伝統的な持ち方であるという答えは28%にすぎず、逆に家族全員が伝統的でない箸の持ち方という答えが19%もあった。「環境が人を育てる」は本当のようである。子どもは親を手本にして育つことが明白である。

伝統的でない箸の持ち方の学生に、他の人から箸の持ち方にたいして何かいわれるかどうか質問した。何もいわれないが58%であった。周囲の人が無関心で干渉せず放置しているのであろう。調査D女子学生85人の場合も62%で近似した。

よく、「身近なしつけは家庭でせよ」といわれるが、この結果からみると家庭はしつけ能力を失ったといえそうだ。もはや学校でしか箸の持ち方をしつける場所はないだろう。

とくにだれが教えるのか調べた。

「家庭で誰が教えるのか」について、3つの調査で答えてもらった。（女子大生100人、男子大学生100人、I幼稚園児92人、2000年6月）

すべて教えるのは母親がトップであり、父親の約2倍多い。母親の影響力が大きいことがわかる。母親は子どもが真似をする最も身近な存在である。ついで、兄弟姉妹が多く、学校の先生はほとんどいないのは意外であった。（表11）

伝統的な箸の持ち方をするのは、家族の中で母親93%、祖母93%が最も多い。ついで父親87%、祖父86%、兄78%、姉70%の順である。弟は39%、妹は48%で低い。

幼稚園児の保護者に「子どもの箸の持ち方は誰に似ますか」と尋ねた。母親77%、父親33%ついで兄弟姉妹12%、祖母9%であった。

表11　箸の持ち方はだれに似ていますか、誰に教わりましたか（%）

	誰に似ていますか		誰に教わりましたか	
	大学生	幼稚園児	大学生	幼稚園児
父	21	33	38	27
母	38	77	78	63
祖父	1	3	3	2
祖母	3	9	7	11
兄弟姉妹	10	12	2	0
親戚	1	1	1	0
幼稚園、保育所の先生	0	3	7	2
学校の先生	1	10	3	0
その他	30	2	8	0

複数回答　男子大学生100人、女子学生100人、幼稚園児92人

幼稚園の先生は3%にすぎない。箸のマナーを教えているかの質問に「はい」「いいえ」はそれぞれ65%、33%であった。教えている人は、母親63%、父親27%、祖母11%、祖父2%、幼稚園の先生は2%である。幼稚園児が箸を使う頻度は朝食27%、昼食75%、夕食78%なので、家庭では夕食時に、幼稚園では昼食時に箸の持ち方や食事のときのマナーを教えてもらいたい。

今日、幼稚園は少子化で各園とも独自の教育目標をかかげ差別化を試みている。園児にたいして人間としてはずせない基本的なしつけ（靴をぬいだら揃える、他人をうやまう、箸のあげおろしなど）を完璧にできるよう訓練する、そんな幼稚園がほしい。理屈ばかりで行動がともなわない、人情の薄い、大人顔負け、心がぬけた物欲の強い子どもは育ってほしくない。

4　伝統的な持ち方でないと箸づかいにどんな支障が？

同じく（調査C、D2005年5月、11月男子学生、女子大生）で伝統的でない持ち方の学生にたいして「その持ち方では食べるとき支障はありませんか」と質問した。回答は、「いいえ支障はない」と答えたのは、男子学生86%、女子学生89%にのぼる。「はい支障あり」と答えた人は、ちゃんとつかめない、刺し箸しかできないなどであった。小学校3年生の生徒も同様に8割弱が困っていない。

伝統的でない持ち方をしていても、機能的に大きな支障を感じていない点に注目したい。どんな持ち方にせよ慣れているので具合よく使いこなしているのであろう。

5　箸の持ち方の自己評価

自分の箸の持ち方をどう思うか質問した。「上手」49%、「下手」51%であった。伝統的な持ち方をしている人が上手と答えたのではないかと考え、両者の相関性を調べたが、有意な差はなかった。

伝統的な持ち方を知らないため、自分の持ち方を勝手に上手と自己評価していた。箸の持ち方を上手にしたいと思いますかと質問に「はい」と答えたのは43%、「いいえ」は57%であった。

6　あなたは箸の持ち方を直したいか

女子大生で「伝統的でない持ち方の女子大生に、「箸の持ち方について誰かに、なにか、いわれますか」の問いに、「いわれない」が57％で、いわれる学生は43％、そのうちで「母からいわれる」という答えが45％で最も多かった。

今の持ち方を直そうと思いますかの問いに、「はい」と「いいえ」が各半々であった。「はい」の学生は、「正しくしたい、よくしたい」「変だと思う、かっこ悪い、持ちにくい」が37％、「別になんとも思わない」が26％、「これでいい」が3％であった。

持ち方が伝統的でない小学生はどうだろうか。箸の持ち方をについてとやかくいう人は友人42％で母親より多い。母親離れの現われである。現在の持ち方だと「食べるのに支障がある」は6年のほうが3年より約2倍多い。その他の質問では6年と3年は同じであった。持ち方の類型による指導効果に有意差はなかった。

今の持ち方を直そうと思ったことがあるかどうかでは、「いいえ」が72％であった。本人も無関心である。「はい」28％は「つかみにくい」「見てくれが悪い、恥ずかしい」「なんとなく」などの理由であった。直したいと思うかどうか尋ねた。4割が直したいと思っていた。

箸の持ち方を指導した結果全員がうまく持てるようになった。感想を聞いたところ、達成感がえられた、満足感や歓びがえられたという。特にこれまであきらめていた学生にこの気持ちが強かった。直そうと思えば、誰でも直すことができることがわかった。

7 子どもから大人になるまでに箸の持ち方を変える

箸の持ち方が変《へん》だといわれた経験がある人に「誰にいわれたのか」尋ねた。母親から24%、父親・祖父母21%、兄弟姉妹6%で約半数が家族であった。他人は指摘しにくいのだろう。箸の持ち方が変だといわれた人は特に持ち方を変えたり、変えようと思ったのは51%であった。その時期は、中学時代が最も多く45%、小学時代29%、高校時代が10%、最近が7%であった。中学時代が多いのは思春期で異性の目を気にしているのかもしれない。持ち方を変えたら食べやすくなったかどうかの問いにたいして、答えは一定でなく必ずしも食べやすくなったわけではない。

他人の箸の持ち方が気になりますかと問いに、「全く気にしない」53%「やや気になる」42%であった。やや気になる人の中には時と場所によって気にすると答えている。箸の持ち方にこだわりを持っていることがわかる。現在は、大人と子どもとどちらが箸の持ち方が上手ですかの問いに、大人と答えたのは84%、高齢者と若者はどちらですかの問いに高齢者と答えたのは79%で圧倒的に若者のほうが低い。若者は伝統的な箸の持ち方をしている人が少ないことを若者自身が認めている。

8　1日何回箸を使うか

箸をよく使いますかという問いに「よく使うほうだ」が86％であった。具体的には、1日3回43％、2回28％、4～5回24％、6回以上は16％である。箸以外のフォーク、スプーンはわずかに56人中8人である。箸を使う頻度が少ない人が伝統的な箸の持ち方をしていないのではないかと考えて両者の相関を見たが、相関性はなかった。

箸の持ち方が伝統的かどうかの要因は、家庭、特に「母親の持ち方を真似て」学んでいることがわかる。母親の役割が大きいので、母親自身がお手本になっていただきたい。

9　箸の持ち方は箸の機能に影響するだろうか

皿に大豆を置き、左から右、右から左に移動させて2往復させ4回分の豆の総数を調べる実験を行った。

1回目の大豆の移動数は不慣れで数が少ないが、回を重ねるごとに数が増えた。個人差が大きかったが、伝統的な持ち方とそうでない持ち方の両グループの豆の数を比較した。箸の持ち方と移動させた豆の数との間には有意な相関はなく、両者は無関係であった。

伝統的な持ち方をすると、たくさん大豆が移動できるとはいえない。すべりどめ箸と普通の箸を使った実験では、すべりどめ箸の方が豆の数は多かった。

アンケート調査では、「箸の持ち方が伝統的でないあなたは食べにくいですか」という質問に「いいえ、慣れているから」という答えが返ってきた。「慣れこそものの上手なり」というわけだ。クセはなかなか抜け出せないわけだ。

10　幼稚園児の箸づかいの現状

幼稚園児は、箸のほかにフォーク、スプーン、手などを使って食事をしている。(図 18)

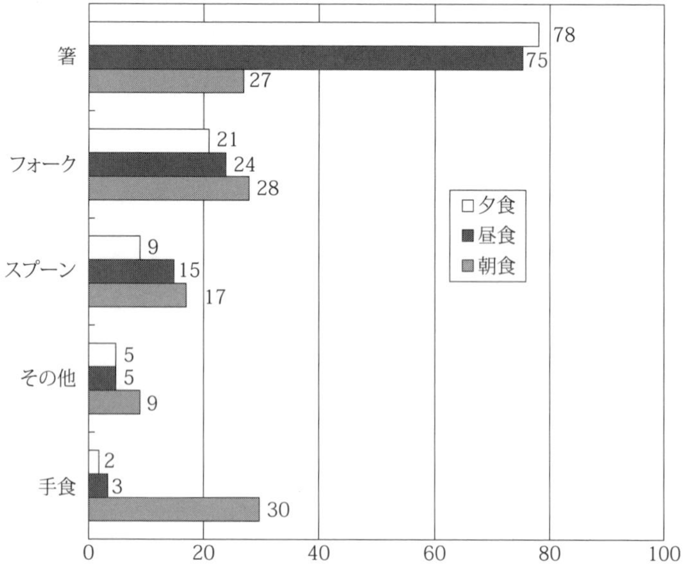

図 18　幼稚園児は箸以外に何を使うか

箸を使うのは夕食、昼食でそれぞれ78%、75%と最も多く、朝食は27%と低い。朝食では箸と同じ位活躍するのが手食（30%）である。ちなみに伝統的な持ち方をする園児のほうが箸の使用頻度が高いのではないかと推察したが差はみられなかった。

幼稚園児は箸をどの程度使いこなしているのだろうか。（図19）

「はさむ」「押さえる」「運ぶ」「つまむ」など最低限の基本的な動作をすることができるのは70～80%弱であった。おもしろいのは、「箸ですくう」「箸にのせる」という芸当まで半数のものができるという。さすがに「切る」「ほぐす」「くるむ」等細かい箸づかいは少なかった。幼稚園児でもなかなかの挑戦ぶりである。今後に期待したい。

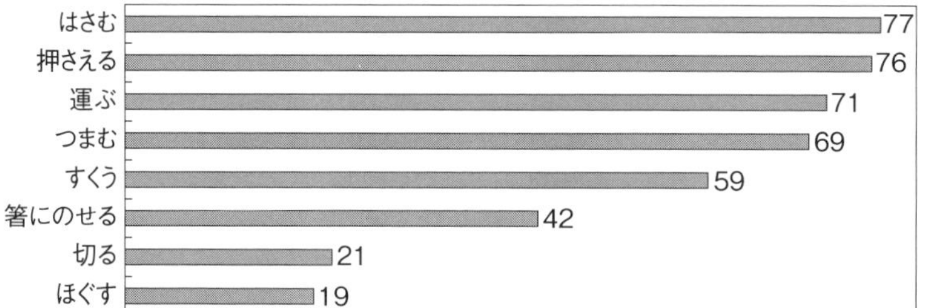

図19　幼稚園児は箸でどんなことができるか

9・調理用の箸　菜箸はなぜ必要か

1　菜箸とはなにか

箸を使用目的で分類すると、次の４つに分けられ「菜箸」は④に相当する。

①食べるための食事用

②調理や菓子を取り分けるための取り箸

③神事や行事用の箸

④調理時に使う箸

ここでは、調理時に使う箸「菜箸」をとりあげる。

インターネット・ヤフーで菜箸を検索すると、かなり多くの業者が通信販売をしている。さまざまな商品が売りだされ菜箸の需要が多いことを物語る。

菜箸とは広辞苑によると、「飯の菜を皿に盛りわける箸、また、料理を作るのに用いる箸」とある。

今日この２つが菜箸の目的として絞られているようだ。

さて、どのような菜箸が使いやすいか、料理による使い分けについては箸の研究家の間でもあまり研究されていない。

2　菜箸—調理箸の歴史を探る

調理箸の歴史は古く、平安時代に魚や鳥を裂き、切り、盛るときに使った「真魚箸（まなばし）」に端を発していると一色氏はいう。今日、調理師は先が金属、手元が木で先の尖ったまなばしを魚や貝などの生臭ものに使用している。これは魚の生臭みが木にしみ込むのを避けるためである。

女子大生の家庭で、使用状況を調査（1995）したところ野菜用と、魚、生魚用の菜箸を特に使い分けている家庭はない。材質は竹製88%、木製22%が使用され、金属製（ステンレル）は5%で揚げ物用に使われている。

家庭で使われている菜箸の長さは30～34cmが41%で多く、現在市販されている菜箸のサイズ「中と小」の長さとよく対応していた。「大」は余り使用されていなかった。市飯品は大中小の3組がセットで売られている。大は35cm、中は33cm、小は30cmである。

3　使いやすい菜箸

市販の菜箸を使って実際に料理し、①菜箸の長さの適正②箸頭につけられた紐（ひも）の有無③箸先に細工されたすべりどめ加工の効果④揚げ物用の金箸、竹箸などの材質の違いによる差を検討した。

表12　実験に使った菜箸

材質	特徴	長さ cm	形状	箸頭 mm	箸先 mm	その他
竹製	長い	33	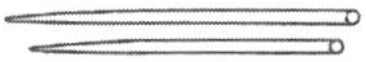	7円形	3	
	短い	30		6 〃	3	
	紐付き	30	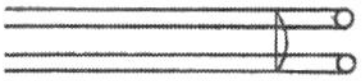	6 〃	3	紐の長さ 3cm 2重木綿糸
	紐なし	30	筆頭から 1.5cm に穴	6 〃	3	
	滑り止めなし	30		6 〃	3	箸先に 1cm ごとに 1mm の刻み
	滑り止めあり	30	筆先のみ	6 〃	3	
金属製	揚げ箸	30	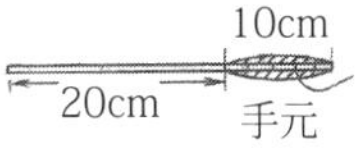	9 〃	2	手元プラスチック

実験は甲南女子大学の学生1回生、2回生86人と一緒に1995年1月と4月に行った。

学生の手の長さは16.0～18.7cm、平均値17.34cmであった。

また、家庭でどんな菜箸を、どんな料理に用いているか予備調査し、その結果を踏まえて菜箸と料理の種類を選んだ。

予備調査の結果、菜箸の長さは30cm、33cmとした。料理方法はそうめん、ゆで卵、卵焼き、たまねぎ炒め、フライドポテトの5種類とした。（表12）

◆菜箸の評価

料理をしながら２組の菜箸を交互に使って比較しながら実験した。評価は一方の箸を基準（3 点）として５段階評価の該当の箇所に○をした。

Ⅰ 箸の長さを考える

30cm の菜箸を基準にして、33cm の箸の評価をした。すると、33cm の菜箸は一部の例外を除いて5つの料理で２点台の評価で劣っていた。例外は、「たまねぎの炒め物」「フライドポテト」の２つの料理で「油の手に飛び具合」「手の熱くなり具合」は評価が高くいずれも 4 点に近い。

炒めたり揚げたり、油物料理では 30cm より 3cm 長い 33cm の菜箸のほうが使いやすいことがわかった。火を使わない料理では 3cm 短い菜箸のほうがはるかに使いやすい。共に統計的に有意な差があった。フライドポテト、そうめんの結果をあげておく。（図20、21）

短いほうが好まれる理由は核家族化により鍋やフライパンが小型化し、一度に煮炊きする分量が少ないからであろう。自由記述では短い箸が小回りがきいて使いやすいという。

Ⅱ 紐《ひも》の有無による差は？

30cm の菜箸を用いて箸頭に紐がついた箸とつかない箸の両方を使いそうめんを料理して比較した。紐のつかない箸を基準 3.0 とす

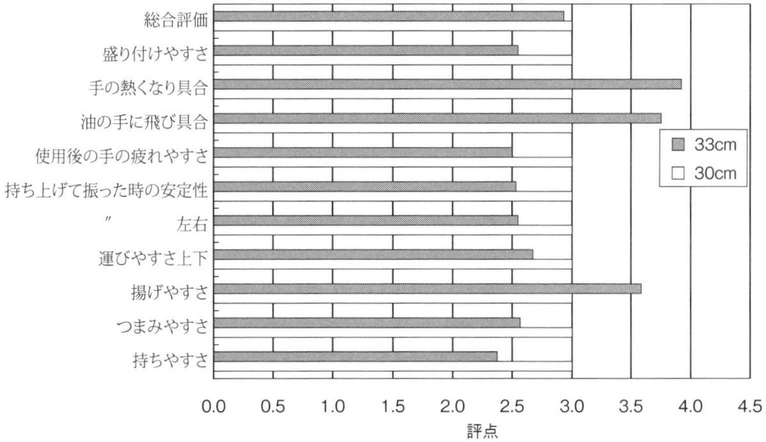

図20　30cm と 33cm の菜箸の使いやすさの比較ーフライドポテト
30cm の箸を基準 3 点とした場合の 33cm の箸の評点

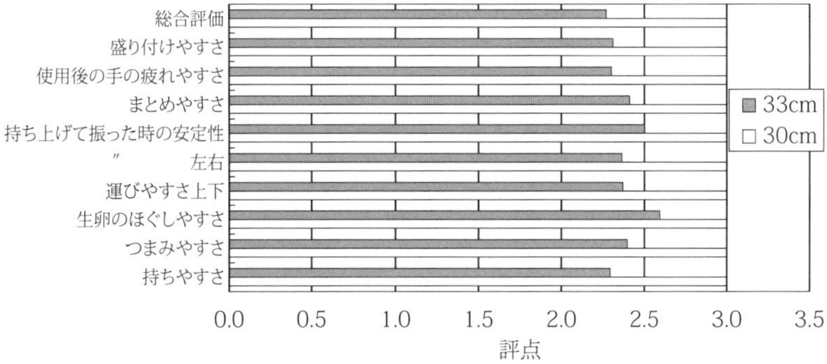

図21　30cm と 33cm の菜箸の使いやすさの比較ーそうめん
30cm の箸を基準 3 点とした場合の 33cm の箸の評点

ると紐のついた箸は、2.33～2.67で有意に劣り使いにくいことがわかった。紐は不要である。ただ、一対に組み合わせるとき、紐がないと長さが合わず使いにくいという難点がある。

紐つき箸は紐がひっかかる、からむ、圧迫感がある、手に余分の力が入るなどという自由記述がされている。

予備調査では、紐つき箸を使用している家庭は25％あった。これらの家庭は、紐つきを使わない家庭より使いにくいという結果であった。

市販の紐つき箸では紐は別袋に入れた状態で販売されている。紐をつけるか否かは使う人が自由にできる。

Ⅲ すべりどめの有無による差は？

30cmの菜箸ですべりどめの有るものとないものをそうめんで比較した。「もちやすさ」以外の8項目ですべりどめ菜箸のほうがないものに比べて有意に優れていた。すなわち、「つまみやすさ」4.19「運びやすさ上下」4.0「もちあげて振ったときの安定性」4.08「総合評価」4.02であった。すべりどめ加工は効果があった。理由はすべりにくい、力が要らないなどよい点が多く自由記述されていた。

Ⅳ 金属製と竹製の差は？

いずれも30cmの菜箸でポテトフライを揚げて比較した。竹製を基準3.0とした場合、金属製は「油の手に飛びやすさ」「手の熱くなり具合」の2項目では竹製より評価が若干良かったが、総合評価、その他すべての項目で 1.66 ～ 2.40 で劣った。

金属製は箸先が細いためはさみにくい、重い、安定感に欠けることが自由記述されていた。

日本料理は銘々の食器に少量ずつ料理を盛り分ける細かい作業をする。この時、菜箸は不可欠で、大切な調理用具である。予備調査では、これを使用しない家庭が 8%、持ってはいるが使用しない家庭が 21%あり、約 3 割が菜箸とは無縁であった。文献では菜箸の大は揚げ物用、中は鍋物用、小は盛り付け用と述べている。

以上から、大（35cm）は使いにくい。手が疲れるし、細かいものがつかみにくい、上部が余って邪魔、不安定などと自由記述に書かれていた。中（33cm）程度がよい。家庭用は業務用とは器具、調理規模などが全く違うので同じに考えないことが大事である。

今日、菜箸は進化し工夫をこらしたものが出回っている。材質もナイロン・シリコン製（200℃まで OK）、ステンレル製も増えた。抗菌もある。多様になればなるほど選択が難しい。料理の内容、調理規模、調理能力など考えて自分の台所環境に合うものを選びたい。また、保管しやすさも大事な条件である。片方の箸がみあたらないと廃棄処分しなければならないケースもある。道具を大切に使いたいものである。

Ⅴ　使いやすい市飯の菜箸は？

市販の菜箸を調べた。芯の材質は、ステンレス、鉄クロムメッキ、天然木、竹などである。箸先のみシリコンの場合耐熱温度が 280℃である。すべりどめ加工をしたものとそうでないものがある。長さ

表13　市販の菜箸

芯		表面塗料		耐熱温度		すべりどめ加工		長さcm
		箸先	それ以外	箸先	それ以外	加工	長さcm	
A	18−0ステンレス	シリコン	ナイロン	280℃	200℃	○	6.5	30
B	ステンレス	シリコンゴム10cm	ナイロン	230℃	200℃	×	×	31.7
C	鉄クロムメッキ	シリコンゴム		210		×	×	32
D	ステンレススチィール	柄　ポリプロピレン		110		○	3	30
E	天然木　五角	ポリエステル		なし	なし	×	×	33
F	竹	アクリル		なし	なし	○	3	33

兵庫県芦屋市JR駅前商店街3店舗での調べ　2011・10・30

は30cm、32cm、33cmである。油を使う揚げ物の場合、油の温度が200℃以上になることもある。ポリエステル、ポリプロピレンの場合融解の心配があるだろう。フライパンで炒め物をする場合、鍋肌の温度が200℃を超える場合があるので、融解するのではなかろうか。(表13)

10・手食

1　手食の歴史を探る

『魏志倭人伝《ぎしわじんでん》』三世紀には「倭人は手食する」と書かれている。一方、古事記では、川上から箸が流れてきたと書かれている。手食をしていたのかどうか。木の実を食べたり、練ったものを木の葉に載せて食べていたというのであれば手食は可能だろう。

古い祭式や儀礼を伝える神社では神にお供えしたお神酒《みき》（酒）と御神飯《ごっくう》（ごはん）をお供えがすんだ後、氏子にふるまう直会《なおらい》（神の食べた後のお下がりをもらって神と共食する）がある。そのとき神官や世話役が箸で御飯を授ける方法がとられる。受ける氏子は手の平に受けそのまま口に運ぶ。いわゆる手食であると神崎氏は指摘する。

琉球諸島あたりでは15世紀末の風俗を書いた文献から「手づかみ」の食事風景がうかがえるという。これはご飯を炊いて、飯杓子で飯をたたいて丸めたものを銘々が手指でつまんで食べる。今日の握り飯の習俗なのであろうと岡本氏はいう。

ちなみに、ヨーロッパでスプーンやフォークが使われ始めたのは15世紀頃で、それまでは手掴みで食べていたという。なぜ手食だったか。それは宗教が関連しているという指摘がある。

16世紀のヨーロッパでもフォークがドイツから伝わったとき、僧侶のなかには神さまの下さった食べ物は手でつかんで食べるのが本当であり、フォークなど使うのは神の摂理をあなどる行為だと反対するものが多かったという。キリストの最後の晩餐を描いたレオナルド・ダ・ヴィンチの名作（1498年完成）では食卓の上に食べ物はあるもののフォークなどの食器が置かれていない。17世紀初頭のモール（フランスの宗教会議）でも長い間宗《しゅう》徒《と》にはフォークの使用を禁じていたが、新旧両派の会員が再々論争した結果、その使用が認められたという。

2　手はありがたい食の用具

世界人口の約40％は手食であるといわれる。

＊アフリカ大陸、西アジア、インド亜大陸、オセアニア、中南米の原住民

＊東南アジア（インドシナ半島とマレー諸島）

ビルマ、タイ、ベトナム、ラオス、カンボジア、マレーシア、シンガポール、フィリピン、インドシナ、ブルネイ

＊中近東（アジア南西部とアフリカ北東部）

イラン、イラク、サウジアラビア、トルコ、イスラエル、エジプト

なぜ、手食するのか。

理由の１つは食べ物の性質に依存している。たとえばパン、これは手で十分食べられる。なにか道具が必要だろうか。手で感触を確かめて、思い思いの大きさにちぎって食べるのがよい。ちぎるとき香りが立ち上るし、どれほどのかたさかすぐわかる。すると一口大を加減できる。かたそうなら小さめに、やわらかそうなら大きめでもよい。手で食べ物の安全性やうまさ加減を予測できる。手は大切なチェック機能を果たしている。

理由の２つ目は文化、宗教の違いである。イスラム、ヒンドゥー教の教えによれば、神から与えられた食べ物は神聖なので道具を媒介して食べると食べ物が汚れるという考え方に基づく。じかに指で食べるのがよいとされる。右手が清い手とされるので、右手の親指、人差し指、中指の３本でつまんで口に入れる。その前に手を洗う。もちろん食後も手を洗う。

かれらは、食べ物を口に入れる前に、手で味わうという。かたさ、ねっとり具合はどの程度か、どんな野菜が入っているかなど情報を得ながら、温度や香りを楽しみながら食欲を湧きたたせる。粘りが減って糸を引いたりする食べ物もあるから、腐敗したものはすぐわかるだろう。安全を確認しているのかもしれない。

食器がないから、貧しいからではない。誇り高い文化なのである。

3　日本人は手食傾向に

今日、ひと昔前に比べて手食の機会は増えているのではないか。

表14　手食の食べ物

主食	おかず	菓子	おつまみ	果物
おにぎり	ゆで卵	ドーナツ	ピーナツ	みかん
手巻き寿司	サモサ	クレープ	カシューナッツ	バナナ
焼餅	フライドポテト	ウエーハウス	枝豆	ぶどう
つきたての餅	フライドチキン	かりんとう	さきいか	さくらんぼ
パン	海苔	こんにゃくゼリー	一口チーズ	ゆで栗
ハンバーガー	北京ダック	串団子	柿のたね	焼き栗
焼き芋	串揚げ	チョコレート	ピッツア	ライチ
ナン	串焼き	ポテトチップ	干し肉	スイカ
豚まん		クッキー	干し魚	いちじく

ざっと身の回りを見渡してみると、手で食べても差し支えないもの、いや手でないと食べにくいものが相当数ある。しかも主食からデザートまで広範囲である。（表14）

とくに東京圏では、交通機関、駅構内のベンチで手食をしている人をよく見かける。おそらく忙しい、食事時間がとれない、他人の立ち居振る舞いの無関心さ、洋風スタイルの感化などで堂々と食事をほおばっているのだろう。関西ではなぜか少ないように思う。

就職活動中の学生は会社訪問で頻繁に移動しなければならない。落着いて食事をするタイミングがとれないらしい。食事が不規則になる。そこでカロリメートやチョコレートを食事代わりに食べているという。パン、おむすびなどは歩きながら、あるいは車中でほおばる。

一方で、離乳期の子どもはどうだろう。親に依存せず自分で食べたがる。食べ物を目の前に置いておくと勝手に引き寄せて手で食べ

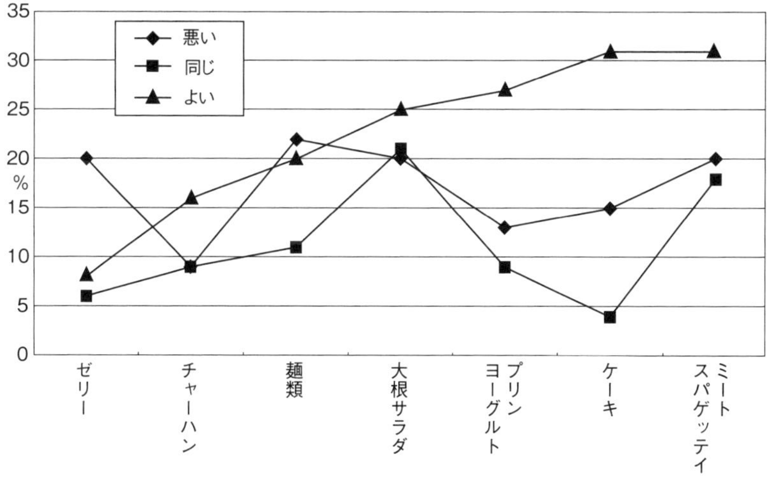

図 22　手食は用具を用いて食べた場合よりよいか？

始める。無理に箸を使わせないで、手で食べさせると指の感触で食べ物を確かめ学ぶことが多い。食べ物の理解がより深まるのではないか。手食をおおいに勧めたい。

甲南女子大学文学部人間関係学科 1 回生 69 人が実際に手で食べて食べ物を五感で評価した（1999 年 6 月）。

7 つの食べ物を各自に配って箸と手の両方で食べ「かたさ」「粘っこさ」「甘さ」「うまみ」「香り」「一口大の大きさ」「食べやすさ」「温度」「総合評価」した。（図 22）

食べた食品は「大根とツナのサラダ」「ミートスパゲッティ」「カップラーメン」「ケーキ」「ゼリー」「チャーハン」の 6 種類である。前者 4 食品は箸、ケーキはフォーク、ゼリーはデザートスプーンを用いて手食と比較した。

箸などの用具を使うよりも手食のほうがよいと評価した学生は、すべての食べ物において約半数、残り半数は、箸またはフォーク、スプーンのほうがよいと答えた。

4 手食と箸食の比較実験

①大根ツナサラダ

手食で食べた感想は、口と手と両方で食品の質感を味わうことができたと答えている。一方手で食べると、最初は冷たい食品がだんだんぬるくなりまずくなったという答えもある。親指と人さし指を使った人が多い。指を動かすのでボケ防止になるのではないかという答えもあった。

②ミートスパゲッティ

手食は食品の感触や温度がよくわかり新鮮な気分がした。また一方で、手が汚れてツメの間に食べ物が入り、嫌になったという答えもある。親指、人差し指、中指を使う人が多かった。

③カップラーメン

手食は食べにくいが、かたさ、粘っこさ、温度がよく感じられた。新鮮であった。箸で食べるほうがおいしいと感じた。熱いと食べられない。不便だ。底に沈んだ具は指では取りにくい。親指、人さし指、中指の３本に薬指を加え４本使う人もいた。

④ケーキ

甘み、うまみ、香りはどちらも同じで変わらない。手食は食べにくいが、便利。手で食べられるものは手で食べたほうがよい。かたさはフォークと指では感触が違い、指のほうがより敏感に伝わった。中に入っている干した果物などの感触が良くわかり興味深かった。指４本使う人もいた。

⑤ゼリー

スプーンを使うほうが慣れているのでよい。しかし、かたさや弾力性、温度がよくわかった。

⑥チャーハン

カレーなどのしっとりした食品は手のほうがよいが、チャーハンはぼろぼろして指でまとまりにくく、食べにくい。熱いと食べられない。箸でも食べにくい。手がべたべたになる。

６つの食べ物のうち、手食の評価が高かったのはミートスパゲッテイ、ケーキ、プリンヨーグルト、大根サラダ、カップラーメン、チャーハン、ゼリーの順であった。一口大として手につまみやすいものはよい評価であった。流動的でつまみにくいゼリー、汁の中に浮いているラーメンなどはつかみにくいので低い評価であった。大根サラダはよい、悪い、同じと３通りの評価に分かれた。

手食は「かたさ」を予見できる点でのどに詰めたり、丸飲込みしたりという無謀な行為が抑制されるのではなかろうか。魚の骨を見つけたり、除いたりさまざまな食べ方のコツを発見できそうである。

そういう意味では、こんにゃくゼリーを喉に詰める事故が起こるが、いったん食器の中にだして手食すれば一気に飲み込めないということがおのずからわかるだろう。包装状態のままでいきなり口へほおりこむのは無謀な食べ方ではないか。

5　手食のゆくえを探る

日本では手で食べることはお行儀が悪いと戒められてきた。その1つにいわゆる「つまみ食い」がある。料理場で味見する料理人は、手の甲に少量のせて味わう。つまみ食いは立ったままで食べることになるので二重に行儀が悪いとされてきた。

ところが今日では、歩きながらソフトクリームやアイスクリームを食べる。気にならないかといえば、周囲の目はきびしい。日本にはそうした歩きながら、立ったまま、食べ物を食べるのは「はしたないこと」「うしろめたいこと」という文化が根づいている。この文化は畳に座って食べる座食の習慣からきているのかもしれない。

立つ姿勢と座食の姿勢とでは格段の高低差がある。腰を低くして食べるのがよい。かつて階級社会では、男と女、家族と下働きの者では、後者は前者より一段下った低いほうの部屋で食べる習慣があった。低いことが礼儀にかなった。

日本では畳の間が多い。立って食べる、動きながら食べるとこぼれやすく床が汚れる。洋間は靴を履いているので、よごれは除きやすい。狭い日本、ところかまわず食べるのは、はた迷惑。他人の洋服に付着し、移り香もはた迷惑である。TPOを考えて行動することが望ましい。

11・箸づかいのタブー

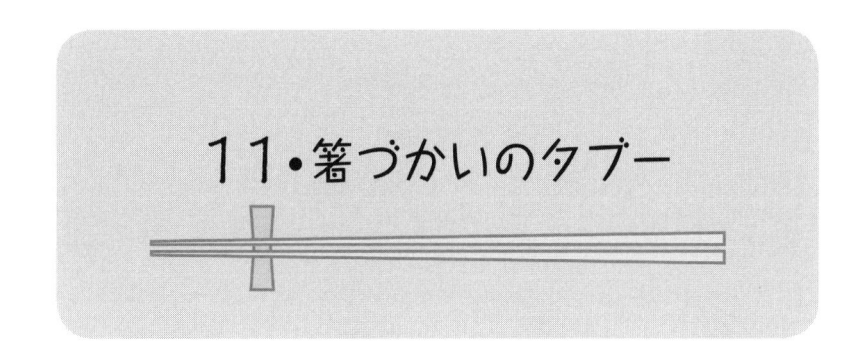

箸を使う場合の「タブー」はマスコミによく登場する。これは人々の関心が大きいせいであろう。

箸を使う上で「してはいけない」いくつかの掟＝禁止事項が古くから言い伝えられている。大きく分類するとその基本は3つに分けられる。

1　他人が見て不快に思う
2　自分のために避けたほうがよい
3　食べ物、食器、テーブルなどすべての物（森羅万象）を大切に扱うという精神

1　他人が見て不快に思う箸の持ち方

①ねぶり箸

箸に食べ物が付着したとき、それを取り除こうとして、口の中に箸を入れてねぶる。巧く取れて本人はよい気分でも他人は不快。

②空箸を振り回わさない

箸は先がとがっているので、突き刺さるのではないかという恐怖感がある。食べる以外のときは箸置きに置く。会話に熱が入るとうっかりやりかねないので注意しよう。握り箸は刀をもつしぐさに似ている。グサッとやられる場面を想像させないようにしたいものである。

③涙箸

汁気をぼとぼとこぼしながら、食べ物を口に運ぶことをいう。配慮に欠け見ていてはらはらする。テーブルが汚れるという配慮も足りない、無神経さがにじみ出ている。ではどうするか、口元に器を持ってくるか、汁気を切ってから移動させる。

2　自分のための自己研鑽

①透かし箸

骨付きの魚を食べるとき、まず表側を食べ次に骨の裏側の身を食べる。そのとき裏返すか、もしくは骨を取り除いた後で身をはずすのがよい。ごく当たり前のことで特に注意するほどのことではない。横着なのが問題なのだ。

②直箸《じかばし》

大盛の皿からとるとき別に取り分け箸がついていたら、それを使う。じかに自分の箸でとらないこと。箸先には自分の唾液がついているので他人への気配りが必要。もし別の箸がないときは箸の頭のほう（箸頭）を使って取り分ける。水入らずの家族の場合は直箸でよい。しかし感染性の強い細菌やウイルスが蔓延している場合はとくに注意。他人への配慮と自己防衛のためでもある。

③箸を握ったまま他の動作をする

例えばお酒をついだりするとき、そそうをしがちになる。一端箸を置いてから、両手をあけて次の動作をする。そのほうが自分のためであり見ていて美しい。

④迷い箸、移り箸、こじ箸、探り箸

どれにしようかな？　と決めかねて箸をお膳の上で泳がせ迷う。これと決めて箸を構えた後、やつぱりやめたといって別の料理に気を移す。箸を動かしながらの動作なので、他人が見ているとうろうろした様子がみてとれ見苦しい。もし気持ちが迷うのであれば、決心がつくまで箸を置いて考えてから行動するとよい。

取ったり置いたりすると食べ物にたいして失礼で「ぶざま」でもある。人間性がまるみえになるので気をつけよう。たかが食事、されど食事である。食事を共にすると人柄が丸見えになる。

こじ箸とは下のほうからおいしそうなものをほじくり出して食べることをいう。気ままな性格が丸みえで自己制御すべきである。

食事の場面では、人間性がもろにでる。強欲、貪欲、意思決定のなさ、落ち着きのなさ、雑駁《ざっぱく》、不潔、乱雑、乱暴、傲慢、自己中心、下品、むら気、かんしゃく、慌てもの、鈍感、空気が読めない、無作法などなどである。習慣化するので、日頃から気をつけておくとよい。

3　もの（森羅万象）を大切に扱う精神性

①突き箸

さといも、団子などを突きさす。食べ物は尊い命なので、ありがたくいただくという気持ちが見えてこない。命の軽視、残忍、残酷、下品のあらわれでもある。

②寄せ箸

テーブル、膳の上で箸を使って食器を引きずり自分の前に寄せる。横着なしぐさである。器の底で塗りのお膳をこすると傷がつく。テーブルも傷つく。箸にも負担がかかり傷む。手で食器を動かすべきだ。

箸づかいは食卓に集う人々の美意識や人柄を感じさせると同時に醜態、嫌悪感を誘いうんざりさせる。人が見ていないときでも、ふだんから習慣化しておけば、勝手ににじみ出るものである。

③かじり箸、ゴシゴシ箸

箸は大切に扱いたい。洗うとき１本づつ丁寧に箸先を流し洗いする。こすり合わせてゴシゴシ洗わない。洗い終わったらすぐ水気をふき取る。箸先を下にして立てないのは、水分が下ってきてかびの原因になるからである。うるし塗りの箸は水に漬けておくのは避ける。塗りに傷があるとそこから木に水が入り膨張し塗りが割れて剥げてくる。和紙に包んで湿気を吸わせながら保管する。熱にも弱いので食器洗浄機には入れない。別途手洗いする。

4　箸にも休憩を　箸置きのすすめ

箸の作法で大切なのは、箸にも休憩が必要だということ。食べ始めから終わりまでずーっと箸を握りしめていなければならないと勘違いしている人がいるが、それは「誤り」である。

相手の話を聞くとき、飲み物を飲むとき、そのほか間を取るとき一たとえば料理が運ばれてきたとき、おかわりした飲み物が来たとき、遅れた人が席に着くときと、箸を箸置きに置く。箸置きかがない場合は皿の渕に箸先を乗せておく、箸袋を二つ折りにしてその上におく、お膳の左側に箸先を3 cm ぐらいだしてねかせておくとよい。ただし、器の上に橋渡ししておかないこと。これはご法度《はっと》である。箸から箸で食べ物をやりとりする渡し箸は骨拾いの時にするので普段は禁止事項である。不安定で墜落しやすい。飲み物がこぼれたり失敗の元になる。

最初、箸置きと塗り箸をテーブルまたはお膳にセットするが、箸置きの上のどの位置にどう置くか。箸先2ないし3 cm 分を箸置きより飛び出すように置く。箸先を箸置きに重ねない。途中食べているときも同じような置き方をする。なぜか。使用前の箸先は清潔を尊ぶので箸置きから離す。使用途中は箸先を離しておかないと箸置きが汚れるからだ。箸置きは伊勢神宮の箸台が起源だという。

5　皿に盛ったライスは箸かスプーンどちらで食べる？

皿に盛ったライスをあなたは何で食べますか。（図 23）

男子学生、女子学生各 100 人合計 200 人に尋ねると、男女で反応が違った。箸使用は男子の 58％、女子 42％で男子のほうが 1.4 倍多い。逆にフォークは女子のほうが 52％で多く、男子 36％の約 1.4 倍である。

自由記述では、皿に盛ると表面積が増えご飯がまとまりにくいので箸づかいが難しい、御飯が冷めやすく表面が乾きやすく、よけいに箸では食べにくくなる。ご飯は皿に盛るべきものではない。ふたつきの容器に盛り、冷えない工夫が必要である。皿に盛るのは浅知恵としか言いようがない。ご飯を金属性のフォークで食べるはお米

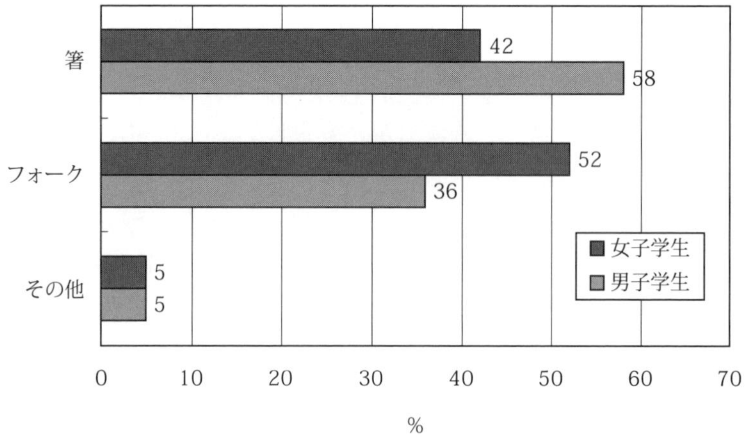

図 23　皿に盛ったご飯を箸で食べるか、それとも？

への冒涜である。おそらく女性は食べる速度が男性より遅く時間がかかる。箸では食べづらくなるのではないかと推察した。さらに付け加えると、皿に飯粒がついて完全に食べきれず、残食になる。もったいない話である。

12・伝統的でない持ち方の人を見たとき他人はどんな感じ？

1　伝統的な箸の持ち方をする人は？

伝統的な箸の持ち方をしている人が伝統的でない箸の持ち方をしている人を見たとき、どんな感じがするか。女子学生 97 人が自由記述した（2003 年 7 月）。

自由記述なので詳しい内容になった。

大きく 4 つに分けられた。最も多いのは美的視点である。

①美的視点

「気になる」「違和感」「下品」「だらしがない」「不思議」などで「不恰好だ」と批判の目で見ていることがわかる。

②機能的視点

ついで多いのが機能的視点である。「魚が食べにくそうだな」「取りにくそうだな」「よくこぼしているな」などと他人事ながら食べにくさを心配している。

③矯正的視点

ついで多いのは矯正的な視点である。「練習したら直るのではないか」「持ち方を変えたらどうだろう」「直してあげたくなる」などである。

これで見る限り、箸に無関心な人は少なく、他人の箸づかいには不快感を抱いている。

2　伝統的でない箸の持ち方の人は？

やはり最も多いのは美的視点である。（表 15）

①美的視点

「とても気になる」「印象が悪い」「ヘン」「感じが悪い」「恥ずかしい」などである。開き直って平然としているわけではない。そして、伝統的な持ち方をしている人を見て「羨ましく思う」「食べる姿勢が美しいと思う」と述べている。

②自己矯正

ついで自己矯正の気持ちが現れる。「叱られた」「後悔」「なかなか直らない」「自分よりヘンな人を見ると気をつけようと思う」と述べている。つまづきの気持ち、なんとか直したいという意欲がある。問題は以前に比べて箸をあまり使わなくなったという学生がいた。巧く使えないから使いたくないという短絡的な思考である。この発想が広がると箸の使用はやがて衰退するのだろうか。「気に留めない」「なんとも思わない」という開き直りの人は 27 人中 3 人いた。

表 15　伝統的でない箸の持ち方の人が伝統的でない箸の持ち方を見たときどんな思いか

美的視点	とても気になる
	印象が悪い・感じが悪い
	だらしなく見える
	恥ずかしい
	自分はヘンだけど、めっちゃヘン
	行儀悪く思う
	少し気になる
	伝統的な持ち方の人は食べる姿が美しい
	母にいつもヘンと言われる
	伝統的な持ち方の人はしっかりしつけてもらったのだな、羨ましい
	箸だけでなく、フォーク、スプーンまでおかしいのではないかと思う
自己反省 矯正	家の人に叱られている
	今からでも直したい
	今は恥ずかしいので後悔している
	ぜひ直したい
	人に気持ち悪いといわれる
	自分よりヘンな人を見ると気をつけたいと思う
消極的	あまり箸を使わなくなった
肯定的	気にとめない・気にしない
	なんとも思わない

3　大人になってから箸の持ち方を直すのは難しいか

伝統的でない持ち方の人に、「箸の持ち方を変える気はありますか」と尋ねた。「はい」は20～30％あった。大学生になってもまだ変える気構えを示している。その反面、このままでよいという反応の人が多い。「習慣化して慣れているから」「これで十分食べられ不自由はない」「いまさら何を！」というわけであろう。この考えは女子学生よりも男子学生のほうが1.5倍も多い。

そんなわけで、いったん大人になってしまうと矯正は難しいと予想される。できるだけ子どもの間に、しっかり教えておくことが大切である。鉄は熱いうちに打てということである。

4　伝統的な箸の持ち方をするのは難しいか

伝統的な箸の持ち方をする人に、その箸づかいはいつごろからそうなったのか尋ねた。（表16）

小さい頃（幼い頃、幼稚園）というのが最も多く、ついで小学校、高校時代となっている。中にはバイト先でというものもある。

伝統的な持ち方をしている学生は子どものときに苦労している。自由記述から苦労のあとが読みとれる。小学校ではビデオを見たり、豆をつまんで訓練したり高校時代には友人に矯正してもらったりと

表16　今の「伝統的な」箸の持ち方はいつ頃からか、なぜそうなったか

		人数
幼い頃	小さい頃	5
	幼い頃から	5
	幼稚園の頃	1
	5〜6歳ごろ	1
	幼稚園のとき豆を使って練習した	1
	小さいときに直された	1
	計	14
小学生	先生に教わった	1
	気づいて自主的に直した	1
	高学年でヘンなのに気づいて自主的に直した	1
	給食のとき見せ合いをして直した	1
	礼儀の時間に教わった	1
	先生に仕込まれた	1
	ビデオを見たり、豆をつかむゲームをして学んだ	1
	5年生位で持てるようになった	2
	計	9
高校生	カッコウが悪いので直した	1
	友人に直しなさいといわれて直した	3
	計	4
家庭	親のしつけ・注意	19
	父にうるさく言われて	2
	母親のしつけ	4
	親兄弟の持ち方を見習って	8
	家のものから教わって	1
	おじいちゃんに叱られて	2
	祖母の家に泊まりに行って	1
	母の持ち方はおかしいので長兄、姉に教わって	1
	強制的に練習させられて	1
	豆をつかんで練習して	1
	お嫁にいけないと言われて	1
	料理の手伝いをしたいといったら母親にちゃんと箸がもてるようになったらと言われて	2
	キチンと持たないと御飯を食べさせてもらえないから	1
	計	44
社会	バイト先で	1
	合計	72

いう苦労話が述べられている。また、家庭では、「親、母親、父親、祖父にうるさく言われて、叱られて」「親兄弟を真似て」「豆で強制的に練習させられて」「お嫁に行けないといやみを言われて」などにみられるように辛抱を重ねて今日がある。一生懸命の努力の結果そうなったといえる。

伝統的でない箸の持ち方をする学生はどうか。（表 17）

表 17　今の「伝統的でない」箸の持ち方はいつ頃からか、なぜそうなったか

自然にそうなった	気づくと楽な持ち方になっていた	1
	なぜかわからない	2
	いつの間にかそうなっていた	1
	小さい時からのクセ	4
	だんだんヘンになった	1
	鉛筆の持ち方と同じになった	1
	計	10
親のせい	親に厳しく注意されなかった	1
	親の教えたのが間違っていた	1
	母が左ききなので教えにくかったのだろう	1
	とにかく伝統的な持ち方を教わらなかった	1
	しつけがまちがっていたのか、先が揃わない	1
	計	5
自分のせい	矯正箸を使って直そうと叱られたが、まあいいやと真剣に直さなかった	1
	何回も直されたが直らなかった	1
	直せと回りにいわれても別に気にならなかった	1
	自分の持ちやすいようにしたらこうなった	1
	両親は真剣に教えてくれたのにこうなった	2
	いろいろ持ち方をしたがこうなった	1
	昔から持ち方を学んでいないから	1
	計	8
その他	伝統的な持ち方をすると巧くつかめない	1
	伝統的な持ち方をすると力が入らない	1
	計	2
	合計	25

自然に放任しておくと勝手な持ち方になることが示唆された。しかし、努力した学生もいる。「何回も直そうとしたが、直らなかった」と述べている。「両親が一生懸命教えてくれたのに、うまくできなかった」という。また途中で諦めた例として「矯正箸を使って直そうとしたが途中であきらめた」という。「持ち方を学ばなかったから」というのがあり案外伝統的な持ち方を知らないで大きくなった人もいる。そんなケースでは、親が間違って教えたり、厳しい注意をしなかったのだろう。伝統的な持ち方は力が入らない、うまくできないという記述もあった。箸づかいのコツが巧く飲み込めないままクセが定着したのではないかと推察した。

13・箸の消費と未来像

1　割り箸の消費

割り箸の製造について奈良県吉野（下市町、吉野町、東吉野村）を例に挙げて考えてみたい。

＊割り箸の製造工程

スギ、ヒノキから必要な角材をとり、4隅にでた残りを箸材に使う。

皮剥ぎ→天日乾燥→長さ切断→幅切断→水槽に放ちアク抜き→表面削りと高さそろえ→品質チェック→生産ラインへ→割れ目工程→包装

重要なことは国内で角材が建材などに使われることである。その結果として4隅の廃材が副次的に箸に使われる。ところが木材を外国から輸入した場合、当然のことだが廃材がでないので、割り箸をつくることができない。

そもそも日本は木材の価格競争に負けているので国産の木材が売

れないという困った事情がある。人件費が高く、木材の大量供給ができないなど幾多の問題を抱えている。

中国の場合、箸づくりは丸太をかつら剥きにして皮を除きソックリ使うので端材がでない。使う木はシラカバで、植樹したものでなく天然に生えている天然木である。中国の木材消費量（年間）は3億7000万立方メートル、そのうち割り箸に使用される木材量は60万立方メートルで、0.16%にすぎない。そのうち日本に輸出されるのは約6割といわれる。

1膳あたりの箸の価格を中国産と国産で比較するとその差は大きい。中国産白樺元禄箸は0.9～1円、中国産竹箸1.2～1.5円、国産檜《ひのき》元禄箸2.8～3.5円、国産杉天削箸7～10円である。（2011年日本関税協会調べ）価格面で国産は太刀打ちできない。しかし、箸の材質、細工、品位が比べようもないほど国産箸は上質である。中国産は安かろう、悪かろうで、使用できればそれでいいという代物である。料理のグレードが高くなると、品位ある箸が求められ品質が問われる。このようなケースでは、中国産の箸は使えない。国産は上級料理に、中国産は普段の料理と用途別に使い分けられている。全体にみて外食では雑駁で品位のない箸が多く出回っている。しかし外国産の割り箸価格は徐々に上がり始めている。外食店はコスト削減のために箸を割り箸から使用後洗って使い回しの箸に切り替えているところもある。箸は口の中に入れて使用するので、殺菌、衛生面で大丈夫かどうか心配である。

外食店では箸の衛生を最重要に考えてほしい。中国産の箸も衛生チェックがされているのかどうか心配である。今後、中国からの箸の輸入が不安定になったとき箸の安定供給はどのようにすればよいのか。国産箸に切り替えて箸の代金は料理の価格と別建てに上乗せする方法が必要かもしれない。

2　割り箸の輸入

割り箸の国外からの全輸入数量に占める割合は中国がトップで97%を占める。割り箸の輸入状況は以下のとおり。（図24－1、2）

①これまで日本の割り箸は中国の原木を使って中国で製造：主に東北部—黒竜江省、遼寧省、吉林省、内モンゴル自治区など。シラカバ、アスペン（ポプラ）などの元禄箸が多かった。

②日本で使う竹の箸は、中国の竹を使って中国で製造（主に南部—長江流域各省で製造）し日本に輸入されたものである。中国からの割箸輸入量のうち、竹の箸の比率は33%（2011年）であり、ベトナムは14%、ロシアは皆無である。輸入した竹の箸の99%は中国製である。

③しかし、1998年長江の大洪水で森林の伐採が問題化し、上流域の森林の伐採を禁止したため木材を輸入することにシフトチェンジ。

④中国はロシアを中心にマレーシアなど各国からの輸入材に依存するようになり、世界一の輸入国になった。以来中国で生産される割り箸（木）の7割近くは輸入材に依存している。

⑤日本から端材（建築で使用した後の廃材である背板）を中国に輸出し、中国で製造した箸を逆輸入する。

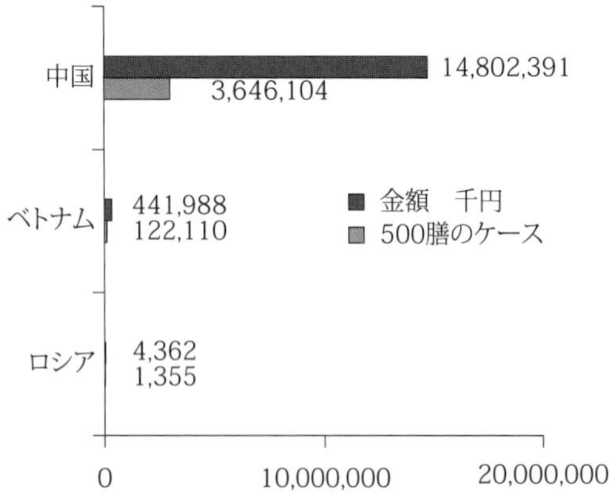

図 24-1　2011 年度割り箸輸入実績　　出典：日本関税協会

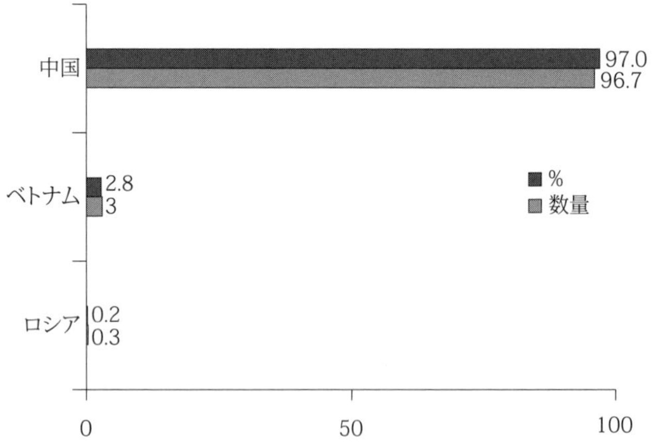

図 24-2　2011 年度割り箸輸入実績　　出典：日本関税協会

3　割り箸は環境破壊の元凶か

割り箸は1回使用した後捨てられると世間から批判されるが、これはおかしいという以下の説がある。

①もったいない。年間消費量は250億膳とたたかれる。しかし使い捨ては紙おむつ、ティッシュ、トイレットペーパーなど多々あり、なぜか割り箸だけがやりだまにあげられる。

②森林破壊とたたかれるが、ゴミになるはずの端材＝廃材を利用しているにもかかわらずなぜか。

③焼却による地球温暖化の助長とたたかれるが、ダイオキシンなどは発生しない。植物繊維なので燃えると灰になるにもかかわらずなぜか。

④むしろ、逆に他人と箸を共用するとかえって感染症（エイズ、サーズ、H5N1新型インフルエンザウイルスなど）の蔓延が懸念される。箸は口の中で舌、歯、口の粘膜に直接触れるので、洗い方が粗雑な場合、感染源になりやすい。新品を紙袋に入れて清潔を保つことが衛生上重要である。清潔保持、衛生に貢献しているのになぜか。

⑤世界的に見ると日本食が普及し箸の需要が増えているという。国内では外食の普及、社員食堂、学生食堂、市飯弁当（コンビニ、駅弁など）中食（惣菜、すしなどお持ち帰り）などで割り箸の需要は増加するばかりである。

ではナイフ、フォーク、スプーンはどうかといえば、ナイフは口の中に入れないのでまず感染症の懸念はない。スプーン、フォークは箸と同じく口の中に入れるので汚染を受けやすい。しかし、これは熱湯で煮沸消毒できる。箸は完全に消毒しにくい。材質が木なので乾燥が不充分になりやすい、すべりどめ箸は箸先に凹凸がある、箸先表面に傷があるなどの場合、付着した汚物が取り除きにくいという宿命がある。

ちなみに、熱帯雨林のあるインドネシア、パプアニューギニア、フィリピン、タイ、マレーシアからは今日割り箸の輸入はほとんどない状態である。ゆえに熱帯雨林の破壊と割り箸との関係はないといえる。

4　市販の塗り箸と塗装

木の肌が丸出しの箸（割り箸）は食べた際の食べ物のにおい、色、油が浸みつき、洗ってもとれにくい。長く使うには不都合である。汚れを克服するべく登場したのが塗り箸である。原木の箸の表面に漆を塗る。今日では、漆ばかりではない。さまざまな塗料を塗っている。（表18）

表18　塗り箸の塗装　（漆塗り以外）

ポリエステルウレタン（食器洗浄器用）
アクリル
ポリエステル
アクリルウレタン
その他

この塗料は、人体に有害なものが使用されているという指摘がある。中国産は外壁を塗る建築用の塗料を箸に使用しているが、箸は口の中に入るものである。徐々に溶け出して体内に取り込まれる運命にあるという。三田村氏は『お箸の秘密』ではどうすればいいかという問題をなげかけている。

5　塗り箸の消費

輸入割り箸（2011年）は188億膳である。日本人口1億3000万人なので年間1人約144膳使用していることになる。

これにプラスチックの箸が加わる。とくに頻繁に使用する外食では、四六時中箸が使われるので大いに傷み取替えが必要になる。古びた箸は客に歓迎されない。オリンピック、イベント、お祭り、旅館、ホテルなど不特定多数の客を相手にする場合、塗りの箸はおおいに傷む。塗りなおし、取替え寿命が早まり出費がかさむ。回転させるには、かなりの膳数を取り揃えておかねばならない。新陳代謝のために経費がかさみ不経済な一面がある。したがって割り箸を使うのではなかろうか。

割り箸の輸入が途絶えたり、値上げになるという警鐘が聞こえる。割り箸の価格が高くなると、プラスチックの箸に変えるレストランや居酒屋が増える。箸の衛生管理が新たな問題になる。消毒済み包装で衛生管理を十分にしていかねばならない。

6　my 箸・マイ箸・アワー箸（国産箸）

箸を持ち歩いて食事をすることは現実に可能かといえばそう簡単ではない。いくつか問題がある。

①日本の風土は高温多湿。カビが生えやすい。特にカビは木、布などは有機物、適度な水分、適温ならすぐ生える。箸先は絶好の繁殖場所。いちいち洗わない人が多いだろうから、非衛生。最近は異常気象で熱中症が心配されほど高温の日が続く。箸は感染症の感染源になる。

②満員電車、箸を胸ポケットに入れて歩いていると押されたときに胸に刺さり凶器になる。とくに子どもは転ぶ場合もあり、活発に運動するので不用意に持ち歩くと危ない。

③宴会、アフターファイブの息抜きの飲み会などでは雰囲気的に合わない。

④自分だけ違う箸を使うと違和感がある。同じ飯を一緒に食べるという日本人の感性に合いにくい。

⑤多忙な人には箸を洗う煩雑さがともない、長続きしにくい。

以上から、箸を個別に持ち歩くという方法でなく、国全体が国産の割箸を使うキャンペーンを積極的にしてはどうか。国産箸は輸入箸より高くつくが森の木を育てようという環境保全の意味から投資と考えれば安い。長期的な国家的対策が必要である。国産箸を使う場合、国土の環境保全協力という「国産―エコ箸」というネーミングにして箸の問題を考えるきっかけにしてはどうか。

すでに「樹恩割箸」「FSC　認証割箸」という箸が試みられており、ともに間伐材、国産である。
「樹恩割箸」とは、7つの製造所（徳島県、福島県、群馬県、広島県、埼玉県、茨城県、東京都、）で箸を製造するNPO法人で、箸は全国69の大学生協ほかで利用されている。

FSC = Forest Stewardship Council　森林管理協議会は世界的な組織でドイツ・ボンに本部を置く。世界中すべての森林を対象にして環境に適切、社会的な利益にかない、経済的に継続可能な森林管理の推進を目指している。下川製箸KK（北海道上川郡下川南町146）はこの組織に属す認証箸を生産している。漂白剤、防カビ剤をいっさい使用せず煮沸殺菌後高温乾燥させた安心、安全、環境を考えた割り箸の生産をしている。大学だけでなく、外食産業が積極的に国産箸の応援をすることが必要ではないか。このような取り組みが「アワー箸」とよばれているものである。

7　箸づかいを支える食器と料理の工夫

ご飯茶碗の底を見ると、指が入るぐらいの丸いくぼみがある。これは「糸尻《いとじり》」と呼ばれ、手の第一関節をそのくぼみに入れて底からしっかり重みを支えるためのものである。茶碗を持ちやすくするための知恵である。茶碗作りの際にロクロを回し、形ができ上がると糸で茶碗を切り取ったのでそう呼ぶ。その後底の土を削りとる作業をしてくぼみをつくる。茶碗は手に持って食べるので、くぼみがないとすべりやすく持ちにくい。大人用、子供用、男用、女用など多様な茶碗があるのは、手の大きさに合わせているので大きさが違う。

湯のみ茶碗、汁椀も同じように底にくぼみがあるのは、手に持って食べたり飲んだりするからである。糸尻が浅いものを時に見かけるが、持ちにくく不安定で好ましくない。

いずれも手に持つ食器は、手に持った時の重さや手の収まり具合をよく確かめてから購入するとよい。ご飯茶碗は重いものより軽めの方が使いやすく、洗うときも負担が軽い。

茶碗に装うご飯の分量は8分目ぐらい、約100～120gまでがよい。てんこ盛りにしない。食べている間にご飯が冷めないように、おかわりをしながら食べると最後までおいしい。多すぎて食べ残さないための知恵でもある。また、多くご飯を入れると食べる時に重くなる。

なぜここまでご飯茶碗や汁椀にこだわるかといえば、ご飯を食べるしぐさは両手を使うからである。右手で箸を操り、左手で茶碗を持つ。うっかりするとどちらかがおろそかになりがちなので、手からはずれて落ちないように手に合う箸、ご飯茶碗を選ぶことが必要である。

ご飯は箸がないと食べにくい。日本食を食べる外国人がなれない箸で真剣に食べるのは、異国情緒を味わうためではなく、箸でないと日本食は食べにくいと考えているからである。箸と茶碗はセットでご飯のうまさを引き出す。箸こそが日本料理をおいしく味わうことができる唯一の道具である。

料理もまた箸づかいがうまくできるように知恵が絞られている。すべての料理は箸でつまんで持ち上げられる大きさ「一口大《ひとくちだい》」に切るのが基本である。「箸にも棒にもかからない」というのは小さすぎて箸でつまめない、たとえばみじん切りのような状態をさす。箸が食材の切り方を規定している。和食は箸を尺度にして成り立っているといっても過言ではない。

和食の料理のコツは、

①一口大に切ること　②繊維の硬いものはせん切りや小口切りにすること　③ときには煮物や握りずしの種には表または裏から切れ目を入れ「隠し包丁」という細工がされている。④汁ものの大根のせん切りは「千六本」という切り方をする。汁と大根が両方おいしい切り方である。このおいしさは箸との相性を考えている。この基本がくずれると、箸は使いにくいものになる。和食の料理のコツが箸づかいの伝統を支えている。

参考文献

1　姜　仁姫著、玄　順恵訳『韓国食生活史　原始から現代まで』藤原書店　2000

2　鄭　大聲『朝鮮食物誌　日本とのかかわりを探る』柴田書店　1979

3　鄭　大聲『朝鮮半島の食と酒　儒教文化が生んだ民族の伝統』中公新書　1998

4　任　栄哲、井出里　咲子『箸とチョッカラク　ことばと文化の日韓比較』大修館書店　2004

5　金　容権『萁山風俗図絵』総和社　2001

6　趙　豊衍著、尹　大辰訳『韓国の風俗―いまは昔』南雲堂　1995

7　周　達生『東アジアの食文化探検　三省堂選書 162』三省堂　1994

8　斉藤たま『箸の民族誌』論創社　2010

9　安田喜憲『日本文化の風土（普及版）』朝倉書店　2010

10　佐々木隆『日本の神話･伝説を読む―声から文学へ』岩波新書　2007

11　奥田和子他『甲南家政　家庭における銘々箸の使用 28』　1992

12　田中重明『食の周辺』pp. 210 ～ 218　建帛社　1984

13　梅棹忠夫『美意識と神さま』pp. 237 ～ 238　中公文庫　1985

14　向井由紀子、橋本慶子『家政学雑誌 29　7』p. 476　1978

15　奥田和子、渡邊裕季子『調理科学　割箸　女子学生 24　2』　1991

16　奥田和子、渡邊裕季子『甲南家政 割箸 男子学生　26』　1991

17　樋口清之『日本人の「しきたり」』p. 53　大和出版　1984

18　市原廣中『洛中楽話 VOL 11』「箸のこころ」p. 27　講話録　仏教大学四条センター　1997

19　一色八郎『箸の文化史』pp. 113 ～ 117　御茶の水書房　1990

20 阿部正路『箸のはなし』ほるぷ出版　1993
21 向井由紀子、橋本慶子『家政学雑誌 34　5』p. 272　1983
22 江頭マサエ『箸のおはなし』JDC　1987
23 朝日新聞「学校給食なぜ先割れスプーン」1988.2.24
24 奥田和子『甲南家政　すべりどめ塗り箸と割り箸の機能の比較 28』1992
25 奥田和子『調理科学　すべりどめ塗り箸の使いやすさと衛生 26.4』1993
26 日本民具学会、岡本信也『食生活と民具　日本民具学会論文集 7』p. 14　有山閣出版　1993
27 神崎宣武『「クセ」の日本人』p. 21　日本経済新聞社　1989
28 奥田和子他『調理科学　菜箸の調理機能と使いわけ 30』1997
29 奥田和子他『箸の持ち方と機能性　食生活研究　VOL 21 NO5 』食生活研究会　2003
30 奥田和子他『箸の持ち方はこれでいいのか―子どもの箸使いについての食育の提言　VOL　24　NO4』食生活研究　2004
31 芳賀　登、石川寛子『日本の食文化全集 第 9 巻 台所・食器食卓』所収 本田草總一郎「箸とフォークの文化」pp. 227 ～ 228　有山閣　1997
32 上羽康夫『手　その機能と解剖』p. 14　金芳堂　1999
33 一色八郎『子どもは手で考える―0 歳からの能力開発』pp. 86 ～ 87 日本放送協会　1993
34 三田村有純『お箸の秘密』里文出版　2009
35 一色八郎『図説　手の世界』p.25　教育出版　1980
36 吉野杉製造販売　吉辰商店　国産木材の有効利用促進 http://www.yoshitatsu.net

おわりに

本書をお読みいただいて、箸の持ち方はどうでもいい、お腹がいっぱいになればいいじゃあないかと思っていたが、それは勘違いだった。「たかが箸、されど箸」箸の持ち方の流儀を理解し、秘められた箸の極意に触れた。そんな感想をおもちいただけたらこの上なく嬉しい。

さあご飯だ！　と箸でつまむとき、箸は食べ物が自然の命であることを気付かせてくれる。そしてその命が私たちの体に新しい息吹を送り込む。敬意を払いながらしっかりつまんで食べたい。箸づかいは厳粛な命の橋渡し行為である。

もし箸を巧く持てないと、食べ残し、姿勢が悪くなり、食べ物が落ちて粗末になり、洋服が汚れ、緊張し、取り乱し四苦八苦することだろう。そうならないように、昔の人は箸の持ち方を工夫し「伝統的な持ち方」を編みだし今日に伝えている。

箸をうまく使うには練習が要る。５本の指で２本の箸を操って食べることはそう簡単ではない。まさに、バイオリンやピアノを弾くとき、どうすればいい音色がでるか練習に励むのと同じだ。箸をうまく持つと５本の指先がうまく連動し脳の働きがよくなり指先が器用になる。

面倒でも基本をしっかり飲み込もう。我流で食べる人が多くなったのは、伝統的な持ち方を知らない親が増え、教えるチャンスを逃し、努力を惜しんだことが原因である。子どもはあっという間に大人になる。「まあ仕方ないや」「親似だ」などと捨てゼリフをいってもはじまらない。

子どもが食べ物を食べ始め、箸の持ち方に興味を示し知りたがる時期がある。タイミングよく待ち構えて子どもに教えることをすすめたい。鉄は熱いうちに打てということわざのようにしっかり教え習慣化しておけば、生涯忘れることはない。三度三度の食事は一生続き、自分の世代だけでは終わらず次の世代へと引き継がれていく。

今からでも遅くはない。箸がうまく使えるように努力したいものだ。生活が国際化するなかで、日本の文化は日本人がお手本になって世界へ発信していきたいもの。過去から引き継いだ貴重な文化遺産を滅ぼすようなことになれば、損をするのは日本民族なのだから……。

東日本大震災の被災者の復活を願って

2013 年４月吉日

奥田　和子

奥田和子（おくだ・かずこ）

1937年、福岡県生まれ。広島大学教育学部卒業。学術博士。専門は食生活デザイン論。甲南女子大学名誉教授、NPO法人日本災害救援ボランティアネットワーク理事。

主な著書に、『現代食生活論』（講談社）、『震災下の食——神戸からの提言』（NHK出版）、『働く人の災害食』（編集工房ノア）『和食ルネッサンス「ご飯」で健康になろう』（同時代社）他。

箸の作法

2013年5月30日　初版第1刷発行

著　者	奥田 和子
発行者	高井 隆
発行所	株式会社同時代社 〒101-0065　東京都千代田区西神田2-7-6 電話 03(3261)3149　FAX 03(3261)3237
組版／装幀	有限会社閏月社
印刷	モリモト印刷株式会社

ISBN978-4-88683-744-8